蜂巢思维

国家智商 VS 个体智商

Hive Mind

How Your Nation's IQ Matters So Much More Than Your Own

［美］加雷特·琼斯（Garett Jones）著

郑常青 译

电子工业出版社·

Publishing House of Electronics Industry

北京·BEIJING

"我准备进入的是一个可以激发大量情绪和感觉的领域；它非常值得研究。"

　　——戈登·图洛克（Gordon Tullock）《冲突的根源》（*The Roots of Conflict*）

目 录
CONTENTS

蜂巢思维
HIVE MIND

CONTENTS

序言

信任与协作：社交化业务离不开"蜂巢思维"

智囊传媒总裁　傅强

"自然界再无其他地方能像人类一样，如此多毫不相干的相同物种——出于本能和历史原因而相互争斗的基因对手——在如此复杂和对信任度的要求如此之高的项目上一起合作。"

——经济学教授 保罗·西布赖特《陌生人的公司》

前不久，我们智囊机构和优客工场联合主办了一场"以书观象——互联网下半场的突破创新"的主题论坛。在论坛上，我们提出：互联网下半场的商业模式由"流量、收费交易"模式转向了"人与人信任关系的业务"模式！我们把这个转变称为 "从社会化媒体到社交化业务的演变"。

　　《蜂巢思维》中的很多观点与我们的观点非常契合。本书作者加雷特·琼斯是乔治·梅森大学公共选择研究中心经济学的副教授。在他看来，所谓"蜂巢思维"就是"群体思维"，蜂巢就像是一个整体，汇集了每个个体的思维。而这一切，都需要"更聪明的团队"以及 "更具协作精神的人"来实现⋯⋯总之，蜂巢思维与当下融合、协作、跨界思维以及共赢思维等备受推崇的互联网思维相吻合。

　　其实，这些观点并不"新"，但在所谓的"互联网上半场"，大家也仅仅是说说而已，缺少把这些观点付诸行动的内在动力。其原因也很简单——互联网的人口红利还没有吃完，所谓构成互联网生态的关键词也只有"流量"和"交易"两个而已。在中国，BAT 们的成功恰恰是对这个时期的最好诠释。好在无论技术的发展还是商业环境的演变都没有停下脚步，"中国互联网进入下半场"的说法当下已经成为一种共识，其中一个最线性化的佐证就是进入 2013 年后，整个互联网世界的用户增速开始明显放缓——按照 CNNIC 的数据，从 2013 年至 2016 年的 3 年间，网民数量才增加了 1 亿人，成为从互联网在中国诞生至今的 20 多年间用户增速最缓慢的一段时间，中国互联网用户的增速一直停留在个位数，中国互联网的人口红利已经终结。与此同时，"网民"这个词已经不是什么身份的识别，原因很简单——国民都成网民了。但新的问题也随之而来，当 BAT 们在互联网上半场已经成功把住互联网的信息以及交易入口后，企业在互联网上的 "获客成本" 也随之居高不下，使得寻求新的突破成为了很多企业内在的需求和动力。

互联网时代的当下，我们都有一个共识：以客户为中心的时代真的来了！对互联网时代而言，企业获得成功的黄金法则是 "客户即上帝" ——客户体验成为了核心！由此，也演变出互联网时代人们的思维模式法则：

1. 功能成为标配，情感成为强需

2. 中间成本趋零，价值链被重构

3. 个人异端化，组织社群化

近期，有不少专家对 "社群" 的核心功能做了总结——兴趣聚集、沟通协作与商业变现。具体来说，就是在聚集、沉淀用户的基础上，通过沟通模式和协作模式的创新，不断激活用户的参与度、连接度和信任感。盘活粉丝经济和分享经济，是社群实现变现的基本模式。而这一切，都与《蜂巢思维》一书所反映出的内容高度吻合。

在《蜂巢思维》的作者加雷特·琼斯看来，我们人类是社会性的生物：我们互相依赖，以期可以把事情做得更好。无论是制造一辆汽车，还是经营一段幸福的婚姻，生活中的各种成功均离不开我们与别人的合作。但是，合作并不是一件容易的事情。有意思的是，本书的作者对此并没有给读者"心灵鸡汤"般正能量的描述，而是举了著名的"囚徒困境"的例子。他想告诉我们，当相同的两个人重复"囚徒困境"博弈多次之后，无论是在大学的实验室，还是在国会大厅，神奇的事情发生了：博弈者通常学会了合作。虽然不是绝对的，也不一定都有用，但很多人确实决定采用"一报还一报"的态度并"冒险"去相信别人。

在作者看来，选择信任别人并不代表天真，信任也可以很精明。如果你知道自己将和同样的人每周在教堂的百乐餐上或者在年度销售会议上都要进行一次"囚徒困境"的博弈，那么这个游戏看上去就会很不同了。就这样，你和你的同伴突然有机会惩罚对方了：如果这次你对我很苛刻，下一次我也可以对你很刻薄。你付出，所以你收获，如同我们平时所说的"礼尚往来"。因此，如果你不洗碗，我就让垃圾堆积成山；如果你洗碗，我就迅速将垃圾清走。无论是在人际关系中、工作关系中，还是在社区里，这种默契的合作随处可见，并且我们都很心安理得。很多时候，我们行善是源于周围的人已经让行善变成了一件自然而然的事情。

在博弈论的领域里，经济学家很早就发现，如果你将单次的"囚徒困境"博弈变成重复博弈，那么自私的玩家可能就会理性地相互合作了。这并不是出于慷慨，而纯粹是为了个人利益。有意思的是，在社群组织中，尤其是在互联网的下半场，基于信任与协作的模式往往成为挖掘新的利润区域的开端。**一句话，互联网下半场的商业模式正在由"流量、收费交易"模式转向 "人与人信任关系的业务协作"模式！我们称之为"社交化业务"。而"蜂巢思维"恰恰是"社交化业务"必须具备的思维模式。**

正如 IBM 商业价值研究院所揭示的,社交化业务的迅速兴起和持续高潮得益于其三个核心的特点：分享、协作和选择。

分享是人类生存和发展的核心需求之一。社交化业务推动了分享的兴趣、乐趣和效率。在社交化业务中，人们基于兴趣自发地组成不同团体或社区，进行分享、交流和互动。以 Facebook 为代表的社交网络鼓励实名制，使人们将真实世界的人际关系转移到网络上。通过社交化业务，人们可以超越空间和时间的限制，拥有更多的朋友和视野，为人生增添更多的乐趣。社交化业务进一步提高了信息交互的效率。在社交化业务中，通过朋友或志趣相投的人的分享，人们可以更快速地知晓和获取所需信息，避免了通过门户网站或搜索网站查找的漫长筛选工作，提高了分享的效率。

社交化业务也推动了从小到大的各类协作的产生和效率。各类组织和个体基于自身兴趣和利益参与社交化业务，形成协作参与的基础。他们基于自我需求和兴趣，在社交环境下提出协作需求，而分享则使协作需求迅速传播和快速响应，使协作发生的可能性和成功率大大提高。协作进一步提高了人们对参与社交化业务的兴趣和热情，使社交化业务有更坚实的发展基础。

　　社交化业务的第三个核心特点是提高选择效率，降低选择成本。社交化业务参与的普遍性和积极性为各种创意的实施提供了海量的尝试机会，而尝试成功或失败的记录被记载、分享和累计又为以后的选择提供了资料和基础，从而提高了选择的效率。由于人们的协作和尝试很多是基于兴趣和自发的参与，尝试的机会海量增加，尝试的方法和路径的重要性降低，尝试的成本大大降低，也推动了之后选择成本的持续降低。

　　以上这一切，无不与所谓的"蜂巢思维"密切相关！于是，《蜂巢思维》的作者提醒我们：

　　1. 有耐心：关注合作的长期利益，不要只是着眼于短期的快乐。

　　2. 友善：始于友善，笑要露齿。在接下来的博弈里，你可以采用"一报还一报"的方法，另外也要不时地尝试合作，即便事情已向相反的方向发展了一段时间。

　　3. 有洞察力：知道自己在做什么，了解游戏规则，并且清楚合作的收益和代价。

最后，我想和大家分享《蜂巢思维》作者在书中引用的一句话，与广大读者共勉：

从之前的互动中看清对方，并记住其相关的特点，是维系合作不可或缺的。

——罗伯特·阿克塞尔罗德《合作的进化》

致谢

如果没有我的发小、心理学家 W. 乔尔·施耐德（W.Joel Schneider）的专业指导，本书将无法面世。在完成联邦储备系统对短期利率影响项目后的几年时间内，我一直在物色新的研究方向。乔尔提到关于全球"国家平均智商"的数据库已经建立起来了，它是第一个此类数据的集合，它通过收集全球不同的智商测试，粗略估计出数十个国家的平均智商。作者通过前期的统计分析发现，上述智商分数可以预测某国的经济表现。乔尔建议，由于经济学家是跨国经济对比的专家，而心理学家是智商测量的专家，或许两者合作的研究项目可以解决以下问题：这些智商测试分数真的可以预测国家经济表现吗？如果采用更严格的统计方法，结果是否会不同？上述问题让我们合著了两篇论文，皆发表于《经济发展与调查杂志》。上述论文指出了智商的奥秘，本书尝试借用蜂巢思维的理论解释上述奥秘。

我一直非常幸运，在关于智商的论文中有机会与一众杰出学者合著，包括：奥马尔·阿尤贝利（Omaral-Ubaydli）、约翰·奈（John Nye）、尼克拉斯·仆切夫基（Niklas Potrafke）与雅普·威尔（Jaap Weel），他们一直都是高产的团队，也是大家梦寐以求的合作伙伴。

此外，我还欠了另外一名合著者里克·哈弗（Rik Hafer）一份特殊的人情。当我还在南伊利诺伊州大学爱德华兹维尔分校的时候，他是我的上司及学术生涯的引路人。里克一直无条件支持我的研究及职业生涯，同时南伊利诺伊州大学在我学生生涯起步阶段给予了巨大的支持。

另外，我还需要感谢拉丁美洲计量经济学会会议、亚洲发展银行、美洲开发银行、世界计量经济学会、加利福尼亚大学圣地亚哥分校、密苏里大学、乔治梅森大学、康斯坦茨大学、里加斯德哥尔摩经济学院的与会者及同行，他们为本研究提供了中肯的意见。

乔治梅森大学经济学院是我的新工作单位，它是全世界最适宜社会科学家成长的地方，其跨学科的背景不至于让学者成为井底之蛙。非常感谢我的同僚们过去八年的信任，同时对经济学院及乔治梅森大学的经济支持表示衷心的感谢。尤其需要感谢我的上司丹·豪瑟（Dan Houser），他减少了我的课时量，让我有机会更加专心于本研究，他还承担了本学院大量吃力不讨好的管理工作。

特别鸣谢马特·迪夫里斯（Matt Davries）及凯伦·约翰逊（Karen Johnson），他们阅读了本书所有的早期手稿，并给予了中肯的反馈。另外，我还要感谢乔治·梅森大学公共选择研究中心的同僚们，他们阅读了本书的部分章节并给予了非常优秀的建议，包括：布莱恩·卡普兰（Bryan Caplan），泰勒·科文（Tyler Cowen），罗宾·汉森

（Robin Hanson），约翰·奈（John Nye），亚历克斯·塔巴洛克（Alex Tabarrok）。公共选择研究中心由我的同事、诺贝尔奖得主詹姆斯·布坎南（James Buchanan）所创，它是现代科学中比较罕见的地方，这里容许大量的反对意见与辩论，故一些非常重要的思想，可以在政治光谱内外焕发着强大的生命力与人类的温度。来自斯坦福出版社的编辑玛歌·贝丝·弗莱明（Margo Beth Fleming）在专业写作建议、知识激励及出版流程和技巧等方面为我提供了极大的帮助。如果经济学家们需要出版自己的大作而不选择弗莱明的话，我觉得是种失策。斯坦福的詹姆士·霍特（James Holt）、艾米丽·史密斯（Emily Smith）及我的文字编辑戴维·霍恩（David Horne）也给予了极大的帮助。简·佩里（Jane Perry）为本书做了校对工作。最后，衷心感谢先父及我的母亲，他们一直教诲我：人类本质都是一样的。

最后，常规声明：本书所有错误之处皆由本人造成。

智商的奥秘

　　本书并不打算阐述如何提高智商，而是描述智商提高后的各种益处。高智商的益处并非是所有人都清楚明白的：智商测试得分高的人群更有毅力，更具合作精神，且记忆力惊人。心理学家和经济学家们已有数十项研究证明了上述益处的存在，但尚未有学者将该益处上升到整个国家层面来考察。无论是数学、识字还是智商测试方面，国家之间的平均得分存在着差异，由此可以想象高分国家必然有一群更有毅力、更具合作精神、消息更灵通的居民。鉴于此，一个国家的高得分意义重大，不容忽视。如果教育学家和公共卫生官员可以找到可靠的方法提高一个国家的智商测试分数，目前贫穷、疾病横行的国家就会变得兴旺发达。

　　读者可以通过对比不同国家，认识到智商所带来的巨大影响：在标准化智商测试中得分最高的国家（如新加坡和芬兰）相对清廉，道路桥梁建设体面，写字楼、工厂及房产等领域私人投资活跃。中国在标准化测试中也表现不俗，特别是后毛泽东时代，整个国家的经济迅猛腾飞。高得分的国家标志着其居民具备良好的认知技能和人力资源，可以更好地投身现代经济建设。

相比之下，得分相对低的国家腐败行为横行，没有贿赂办不成事，不管对方是校长、驾照发放官员还是国会议员的大舅。在这些国家，行贿虽不是必需的，但在没有贿赂的情况下，政府会变得懒惰、效率低下。得分较低的国家还不适宜进行大规模私人投资，因为有技能的工人和电力供应都很难得到保证。同时，得分较低的国家也不善于引进国际投资，所以资本也会离它们而去。长此以往将会怎样？国家衰败，到处都是危楼危桥，互联网连接龟速，一片萧条。平均而言，得分排名最后十个国家的生产率只有得分排名前十个国家的1/8。

除了少数自然资源丰富的国家外，一个国家最重要的财富莫过于民众的智力。关于智力到底有多高效这个问题，标准化智商测试无法准确回答，但其所含的信息比我们想象中的要多很多。心智技能的提高可以促进一个国家的繁荣，而标准化的智商测试可以很好地测量这项技能，虽然它算不上完美，连统计学意义上都不算。

共赢思维

　　史蒂芬·柯维（Steven Covey）教授的"高效能人士七大习惯"中的其中一条便是"共赢思维"。柯维认为，不管是生意还是生活，成功的秘诀在于想办法"把蛋糕做大"，而不是死死抓住一块蛋糕中最大的那份。"抓住蛋糕"和"做大蛋糕"都是理性、有利的行为——至少短期内是有利的，但一个乐意把蛋糕做大的国家将会有更多的蛋糕吃。那到底什么可以预测一个人把蛋糕做大的能力呢？范德堡大学的研究人员通过两个实验找到了答案。

　　第一项实验是简单的分蛋糕游戏，关注什么性格特征可以预测一个人对于简单商品的讨价还价能力。游戏中，学生 A 必须千方百计向学生 B 卖出尽量多的罐头，而学生 B 则想方设法少购买罐头。实验人员通过游戏收集个性特征的数据，同时收集他们的 GMAT 考试成绩。GMAT 考试和 SAT 一样，都有点类似智商测试。

　　第二项实验是开放式的谈判游戏，两名学生分别扮演商场发展商和临街商铺档主（如梅西百货、布鲁明戴尔百货），谈判租赁合同的细节问题。很明显，第二个游戏复杂很多，用管理学教授的话来说，就是"整合性"很强。临街商铺是否应该分租给化妆品店？营业时间是否与商场一致？是否出售商场里的同类商品？手扶电梯费用如何分摊？连同常规的讨价还价，上述问题都需要讨论。这比第一个游戏复杂程度高，而智商测试恰恰可以预测一个人处理复杂事务的能力。

实验结果与学生分数有关吗？答案是"视情况而定"。第一项实验表明，学生分数不能很好地预测其讨价还价的能力，简单来说：高分学生的"高卖低买"并不比低分学生强。但在第二项实验中，两名学生的平均分可以很好地预测到他们做大蛋糕的能力。高分的学生更倾向于通过合同细节增加整个项目的价值，而不会错过增值的机会——他们的整合能力很强。那性格特征与之有关吗？多大程度上相关？很遗憾，实验中测量的性格特征，如外向性和自觉性等，相比起 GMAT 分数，都起不到很好的预测作用。

总体而言，高分组的学生倾向于做大蛋糕。其他心理学和经济学实验结果也可以支撑这一结论：智商高的人更乐于使用"做大蛋糕"的方法，尤其在复杂的局面中。你可以想象对于整个国家而言，这意味着什么。

你的智商并不是那么重要

近年来，心理学家和经济学家声称，智商测试得分对于国家而言意义重大。倘若如此，我们会有点困惑。我相信，你认识那么一些人，他们的智商测试得分并不高，但却很成功：有份好工作，孩子也聪明伶俐。还有一些人，智商测试得分很高，但却是彻底的失败者——各种陋习、官司及债务缠身。而且这不是什么凤毛麟角的事情，我们每天都会见到高智商的人身无分文，而愚钝的人却有份好工作。在个人层面，智商得分并不是"成功的预言者"。

经济学家在数十年前就发现了上述事实：智商和薪水的关系不是正比，顶多算平均。所以，一个人的智商测试得分或者 SAT 分数，不能告诉你他能赚多少钱。稍后，将有大量的案例分析"智商"意味着什么，且不能代表什么。同时，还将审视一些有瑕疵的智商测试技术。我们也将会了解到高智商人士所具备的反应快、有毅力的特质。但是现在，请暂时关注一个事实：你个人的智商不能预知你的生活成功与否。

该事实是本书的两个观点之一，笔者用了两章的篇幅来阐述。现在，请关注另外一个事实：得分高的国家富有程度是得分低的国家的八倍——这就是智商的奥秘。

本书围绕以上两个事实展开，并论述其为何同时为真，即你的个人智商意义有限，而你所在国家的智商却可以决定你能赚多少钱、产出多少东西、过什么样的生活。本书还将陈述政策制定者、公共卫生专家该如何提高国家平均智商。最后，假设智商如我所言如此重要，那么发展一个国家的平均心智技能应该是首要任务。幸运的是，智商水平虽然不容易改变，但至少在今天的科技条件下，它也不是坚不可摧的。

阅读本书的过程中，您的脑海中可能总是在思考：我认识一些智商很高但是生活却是一团糟的人啊，智商对于一个国家而言真的那么重要吗？请记住：本书只为解答此疑问而作。

你的国家智商得分比个人得分更重要吗？

有什么证据表明数学、自然科学测试得高分的国家必然富有、高效、发展迅猛吗？这些分数除了说明一个国家民众受教育程度外，还能说明其他问题吗？这是经济学家艾里克·哈努谢克（Eric Hanushek）和丹尼斯·金科（Dennis Kimko）一直孜孜不倦想要解决的问题。几十年来，很多国际机构测量了全世界各个国家的数理、自然科学、阅读能力。近些年来，比较受到认可的测试项目包括国际学生评估项目（Programme for International Student Assessment, PISA），国际数学和科学趋势研究（Trends in Mathematics and Science Study, TIMSS），国际阅读素养进展研究（Progress in International Reading Literacy Study, PIRLS）。这些测试的结果分数会向公众发布，每隔几年美国新闻就会报道此结果以便让美国学生知道他们正在落后，而且全世界数百名学者也会使用这些测试结果。2000 年，哈努谢克和金科发表了一篇影响力很大的文章，该文章关注了早期、相关的国际性数学、自然科学的测试，发现这些测试的分数比受教育年限更能预测到学生日后的经济实力。其他学者重复了哈努谢克和金科的实验，也得到类似的结论。

这也许并不奇怪，在很多落后国家，受教育年限并非意味着真正受到教育。经济学家和教育研究者发现，在一些贫穷、落后的国家，孩子们连教科书都没有，老师也经常不上课。这可不是什么学习的窍门，而是包含了很多无奈。另一个影响不发达国家孩子学习的因素则是"学习"处在非常弱势的地位，他们可能每天都要面对营养不良和疾病，这是与生俱来的。

哈努谢克和金科还发现了上述测试分数比受教育年限更能预测到一个国家的繁荣程度，他们发现高分与国家经济实力相关性更强，相对高分与个体经济实力的相关性而言。关于个人测试的分数与他们日后薪水的关系，他们发现在同一个国家内，高分者只比平均得分者稍微高一点，但高分国家比低分国家的发展快得多。这就是智商的奥秘：标准化测试（也称智商测试或数学测试）的分数可以预测国家之间的显著差异，但预测个人差异的能力有限。

所以，如果你的数学测试分数很高，你日后可能会赚更多钱。但如果一个国家的数学测试得分很高，那么，这个国家将持续繁荣。事实上，高分的国家，已经变得很富裕或者发展得很快，如法国、中国。智商测试得分可以预测一个国家的经济实力这一事实已经被无数心理学家和经济学家证明，但对这个事实的解释一直没有被找到。哈努谢克和金科倾向认为高分并不能带来额外的收入："国家的发展远远大于个人发展的总和……简单的对比国家间的发展似乎有点过度夸大了智商测试分数的作用。"。

但这可能不是一种夸大，而是心智乘积的表现，一种认知技能的"馈赠"。一个人的标准化测试分数很高可能仅仅说明这个人很有趣，但整个国家的分数很高将改变世界。本书立足于主流经济学、心理学、政治科学的观点，阐释为什么国家的标准化测试比个人测试意义更加重大。

全世界的测试分数

首先，我们先看看个体分数与收入的关系。心理学家海纳·林德曼（Heiner Rindermann）及其合著者利用大量的 PISA、TIMSS、PIRLS 分数合并统计出每个国家的"认知能力分数"。由于国家的分数是动态发展的，所以这些分数仅仅是概况，但至少让我们知道各个国家的分数分布情况。当然，这些平均分数隐藏着巨大的差异，因为每个国家都有高分者。

　　不同国家之间的个体收入差距悬殊，尤其是最富裕和最贫穷的一部分人。专家们对比欧洲北部和南部、日本和中国台湾的生活水平发现，他们之间大概有30%的差异，但对比英国与非洲撒哈拉沙漠以南地区，差异程度达到3 000%。正如对比国家之间的认知能力一样，对比国家之间的收入也是非常困难的，因为没有很好的测量方法。测试贫困国家的收入尤其艰难，因为当局政治化了他们的收入数据。就算有正直的官员，他们也没有正确的资料进行统计。

　　图I.1中，每个小黑点代表一个国家，由此可见，得分越高的国家个体收入越高。收入标准使用经济学家最喜欢的人均GDP。使用GDP数据有个好处，因其重点关注经济体的生产率，即一年内产生了多少商品和服务。如图所示，世界上存在着例外的个案，但大部分的个案都是有限的。在本图的高分区，你会发现东亚地区的人智商测试表现不俗，同样的，他们在过去半个世纪发展得也很好，例如新加坡。

　　在本图的低收入国家中，也有例外的个案。但低收入下半部分国家例外的案例相对较少——相对贫穷国家中得分低于90的差不多都是以前的共产主义国家，现在可能还处在管理紊乱中，没有精力恢复经济。而得分较低却比较富裕的国家基本都是自然资源比较丰富的地区。

在图的左下角，分布着低分、贫穷国家，一般都是工人工作效率低下，社会财富一般。一般而言，这些国家的生活水平比较低。当然，再贫穷的国家也有人分很高，但是在贫穷国家中一般的普通百姓在标准化测试中的表现不佳。

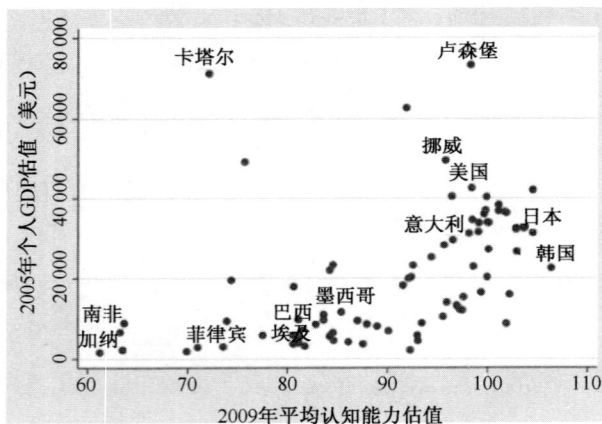

图 I.1　2009 年根据 PISA、TIMSS 及 PIRLS 国际测试结果估算的
平均认知能力及 2005 年个人 GDP 数据

资料来源：林德曼、赛勒、汤普森《聪明的少数人的影响》（ *The Impact of Smart Fractions*），佩恩表 7.1 版。

测试分数：由学校和其他因素决定

我前面提到数学、自然科学测试，此后我将侧重于智商测试及其他类似的测试（智商类测试，有时也称为智力测试，虽然经济学家们更喜欢称为"认知技能测试"），主要有如下几方面原因：首先，智商测试比 PISA、TIMSS 受众更广，小学的文件柜里都有学生的智商测试分数；其次，很多智商测试是图形类的，不会明显依赖学校传授的知识，显得更加公平且测验偏差较低，第 2 章将详细讨论测验偏差的问题；最后，当我们讨论智商，而不是普通的"测试分数"的时候，我们会拥有一个世纪以来心理学家、传染病专家及营养学家等关于提高智商分数和技能的研究文献，在这些文献中，他们都尝试测量人们的智商。智商测试是标准化的、跨学科的认知能力测量，最好贴近某标准。"数学分数"让很多人联想到优秀的老师、教材及教育心理学等一些提高认字技能的方法。但我们不应该忘记，人们的技能往往在上学前就已经定型了，且由校外因素决定。谈到智商，就不能忽视课堂以外的因素。

测试分数与繁荣：仅仅是巧合吗？

到目前为止，你应该只关注测试分数吗？其实，富裕国家与贫穷国家千差万别，测试平均分仅仅是其中一项差异。我随便都可以使用一张图表展示出：富裕国家有更多的手机用户、更多外出就餐的次数、更多的度假旅馆。图 I.1 真的可以告诉我们任何关于什么驱动国家财富的线索吗？

初步的检验应该是这样的：当你已经非常清楚的了解某个国家，智商测试平均分是否尚能作为国家繁荣的预测？这方法就是著名的多元回归。这相当于说，"我已经非常熟悉这个国家，如高存款率和丰富矿产资源等，那么，国家的智商测试分数还有预测意义吗？"在我和乔尔施耐德合著的一篇文章中，我们利用粗略的国家智商测试分数预测其繁荣程度，在数百种统计数据中我们发现，就算你已经知道这个国家的宗教背景、贸易开放程度，国家智商测试分数依然是繁荣程度的预言者——国家的智商分数可以预测其生产率。

你可能好奇为什么有些国家智商分数高，而有些低。这是很重要的问题，但本书不会解决该问题，本书不是关于智商从哪里来，而是关于智商要去到哪里探讨。

关注智商如何帮助一个国家具有非凡意义。关于个体智商差异、其他分数差异、国家之间差异的文献有很多。本书会引用部分文献，以期引起更多学者对该话题的关注。如果平均智商对一个国家的经济财富如此重要，寻找提高智商的方法就显得举足轻重。如果平均智商如此重要，有必要阅读高质量的书籍，以便提高国家得分和认知技能。

有理由相信智商是可以提高的，因为确实已经存在某些方法。在发达国家，智商测试分数在过去一个世纪一直在持续提高，这就是著名的弗林效应（Flynn Effect）。第 3 章将详细阐释弗林效应，下次如果有人告诉你智商不可改变，请记住弗林效应。

集体智慧：国家级蜂巢思维

动物学家、计算机学家、少量社会学家有时使用"集体智慧"或"蜂巢思维"来解释群体活动。牛群为什么会步伐一致地东奔西跑以避开天敌？蜜蜂和蚂蚁是如何协同建造出大型复杂的巢穴和经济实体？这些事情单干是无法完成的。同样地，人类社会也是集体智慧的形式，前人的知识累积造就了今天的繁华，无数微小的日常认知发现无处不在，办公室、工厂、政府大楼到处都会发生，这些力量汇集成了亚当·斯密（Adam Smith）所说的"看不见的手"。

蜂巢思维

HIVE MIND

这些无数微小的认知贡献成就了一个国家的集体智慧——每个国家的蜂巢思维。社会成员都会使用到该集体智慧，他们利用了蜂巢思维的果实而并未为此付出应有的代价。所以，高产蜂巢中低技能的蜜蜂远比低产蜂巢中的高技能蜜蜂舒服。每个国家都有自己的蜂巢思维是不可争辩的事实，关键问题是国家的平均智商得分对蜂巢思维而言是否重要。

高认知技能高收益

本书前 3 章重点综述现代智商研究的基础——脑部扫描、工作表现及营养，另外还论证了国家间的智商得分是否具备可比性。第 4 章到第 9 章将陈述国家智商比个体智商回报更大的五个渠道：

1. 高分群体倾向提高储蓄，而这些积蓄一般被留在国内。所以更高存款意味着更多机器、更多计算机、更多先进技术，这些都可以提高生产率，并让所有人受益。

2. 高分群体更具协作精神。团结协作是建立高效能政府和商务的核心要素之一。

3. 高分群体倾向市场导向政策，这是国家繁荣的基础。同时高得分者记忆力惊人，而知情的选民是构建"善政"政府的基础。

4. 高分群体善于利用基于团队的高效能技术，此技术的"最弱连接"因素（任何一个瑕疵都会摧毁整个产品的价值）使其对高技能工人的要求是非常严格的。想想计算机芯片、暑期大片、大型企业合作。

5. 人类的从众倾向，即便是非常细微的倾向，都能从上述四个渠道中衍生出第五个渠道来——模仿和同伴渠道。非常微小的从众趋势——让自己与周围人稍微一致，都可以悄悄地影响到我们的行为。如果你身边的人具备协作精神、有毅力、知情程度高，那么你也会变得合作、耐心、更知情。

CHAPTER 01

智商测试仅仅
是一个分数吗?

Hive Mind

How Your Nation's IQ Matters
So Much More Than Your Own

关于智商测试最重要的事实是:单项技能可预测其他技能。如果一个人智商测试的其中某项得分高于平均值,如词汇测试,他的其他部分表现应该也高于平均水平。一个完整的智商测试,如韦氏智商测试(Wechsler)、斯坦福-比奈测验(Stanford-Binet),包括了大约 12 项单独的测试。所以,如果某人词汇测试分数很高,那么可推测,他的数字记忆能力也会很强,图形观察能力和拼图能力也很强。

智商测试有别于其他认知技能测试:单项的高分总是伴随着其他项目的高分,纵然这些测试表面看起来区别很大。心理学家们喜欢用"一般智力因素"(g 因素)或者"正极相关"来指称,但我更愿意称为"达·芬奇效应"(The Da Vinci Effect),因为达·芬奇在多个领域都表现出色,从油画到钟表设计到军工机械。我们的父辈常说,"平衡是万物的规则","如果你某方面很弱,其他方面一定比别人强"，达·芬奇效应却告诉我们这不存在。就智商测试来说，总体而言，如果一方面很强，其他方面也会很强。

下文会详细阐述达·芬奇效应这个概念，因为它非常重要。达·芬奇效应并非绝对，不能说一个人的所有心智技能都是正相关的，万事无绝对。总有人每天抽两包烟但活到了90岁。但是，在本章，你会看到大部分被普遍认可的技能都是正相关的，负相关的基本很难找到。

智商测试一直备受争议。它到底有什么意义？它到底测量了什么？它意味着什么？这就是本章要讨论的问题。本章只关注在发达国家开展的研究，其研究对象的受教育程度高且相对可靠。我认为（心理学主流也这么认为），在目前条件下，对于人们常说的一般智力测量来说，智商测试是粗糙和有瑕疵的。

除非我们可以通过智商测试分数发现其他隐藏于数字以外的信息，否则它仅仅是一个数字，与其他考试分数没什么不一样。但富裕国家的智商测试中不断浮现的达·芬奇效应让我们有理由相信，我们正慢慢逼近智商的真相：解决复杂问题的能力、记忆力、逻辑推理能力。当人们谈论某人智商的时候，一般指他们广泛的心智技能，而这多少与达·芬奇效应相关。

"总体而言"

在本书中，我将描述大量具备普遍性的事实和主张。在讨论关于智商的问题时，所指皆为普遍趋势，为行文简洁和流畅，本书不再重复"总体而言"、"普遍来说"之类的字眼。同时，任何事情都有例外，事实上每个个案都是例外。

如果总是重复"总体而言"、"不能排除例外"，将显得非常累赘。请记住，本书所有数据驱动的研究都指普遍趋势，而不是个案。我们所见的每个人，考察的每个国家都是有别于"规则"的，但"规则"本身值得我们好好研究。

简单化最有效

想象一下，如果你需要在几百台电脑中找出运行速度最快的那台，但你并不知道它们的 CPU 速度，那该怎么办呢？你可能需要在每台电脑上分别运行十几种程序，包括游戏、视频、电子表格、电子文档、浏览器，等等。同时你还需要为每台电脑的速度打分，比如从 1 分到 100 分，如实记录他们的速度。当然，这些测试做不到完全公平，例如你所运行的电子表格程序恰好适用于某种型号的电脑，但总比简单地运行一两个程序就草率判断某台更快要可靠很多。结构化评估肯定更加公平。

再试想，如果你需要在 100 名新兵中找到力气最大的那个。你已经知道他们有些人擅长搬砖，有些人擅长俯卧撑等，可你依然觉得总有人是比其他人更"强壮"的，那么如何找到这个人呢？你可能需要选出十项运动来，命名为"十项全能"测试，并通过"十项全能"对每个人进行测试——分别为每个项目打分。那么，"十项全能"总分高者相信比低分者更加强壮。虽然每项运动之间总有这样那样的例外，但是总分排名能说明一些问题。你应该会同意我的主张："十项全能"得分高的士兵，他在十项以外的其他举、提、推类的力量型项目的表现也应该比得分低者强——"十项全能"测试可以预测其他项目的表现。

虽然指数、平均值这类数字可能会抹杀掉部分重要信息，但就大规模人口而言，"力气"的达·芬奇效应也是存在的。一个躺举成绩只有 75 磅的人，引体向上表现却很优秀，这种例外可能有，但是极少数。一般来说，在一个项目中表现出来的"力气"可以预测其他项目的"力气"，而肯定有人平均"力气"比较大。由此可见，达·芬奇效应无处不在，不仅仅表现在心智技能上。同时也可以看出，在很多不太敏感的领域，结构化测试的价值很高，结构化的智商测试让我们受益良多。

心理学家查尔斯·斯皮尔曼（Charles Spearman）首次提出了"达·芬奇效应"。他于 1904 年对英国伯克郡一个村落的学校进行了六项不同领域的测试：经典的希腊语和拉丁语写作、法语、英语、数学、音高辨识、音乐才能。测试结果显示，法语测试表现好的学生，其希腊语和拉丁语表现往往也不俗；而音高辨识能力强与数学能力却没有太明显的相关性。

斯皮尔曼的研究比前人推进了一步——他尝试把这些数据归成两类：一般因素及特殊因素。如果你想用一个数字（分数）描述某人的学术能力，仅一个"一般因素"，你会丢失多少信息呢？这恰如用一个数字描述体温（虽然身体各部体温可能有所差异）。

也正如我们用人均 GDP 描述一个国家的生产率一样（GDP 数字无法详细描述某个行业的强弱，例如医疗和饮食等行业）。也如我们用简单的"和善"、"认真"描述一个人一样。简单化是否有效是很实际的问题。用一个简单的数字来描述一个人在多种测试上的认知技能是否有意义呢？

实际上它非常有效。对于现代智商测试而言，根据"一般智力因素"（g 因子）加权平均得到的分数，可以辨别人与人之间智商中 40%～50%的差异。虽然有些人更擅长数学，有些人更擅长词汇，还有些人更擅长视觉难题，但一个简单的智商分数可以概述出所有智商测试中过半的差异。可见，简单化是可以接受的。

同时，心智技能 g 因子也常常会让理性的人怀疑智商分数的价值。一方面，分数可以概括出很多信息；但同时他们会不禁问，另一半的信息呢？假设你准备请人解决数学问题或者写作问题，你肯定还想了解智商分数以外的其他信息。但很遗憾，g 因子只能告诉你聘请的数学专家词汇量不错。

认知技能测量: 多种方法的梦想

请注意,大部分综合智商测试都不太像简单的测验,它们更类似结构化面试。有些批评者认为,智商测试仅仅考验受试者是否可以认真审题、演算出答案并填写到答题纸上。但正如韦克斯勒(Wechsler)之前提到的一样,现代综合智商测试很少涉及纸和笔,往往都是口头问答的形式。例如,心理学家或其他测试专家问你四季为何变化;请列举刚才我读过的数字;请把这些木制图块组合成有意义的形状。

其中一部分需要用纸和笔,这部分称为"编码测试"。受试者需要根据页面底部的密钥,将一些文字编译成数字。例如,小圆圈里有个小点代表 4;"(X)"代表 7。要求受试者在一两分钟内尽快编译这些数字。(注:上述密钥非智商测试的真正题目和答案,仅作举例之用。)

　　早期的智商测试实际上是选择题，其中"瑞文推理测验"（Raven's Progressive Matrices）比较有名，经济学研究中该测验很重要，本书也将重点关注。图 1.1 是维基百科上关于瑞文推理测验的简单例子：请根据前两组图形推断右下角的图形。幸运的是，大部分情况下都是选择题，不需要受试者手工制图。这些问题的目的都是选出适当的选项以构成合理的图案。

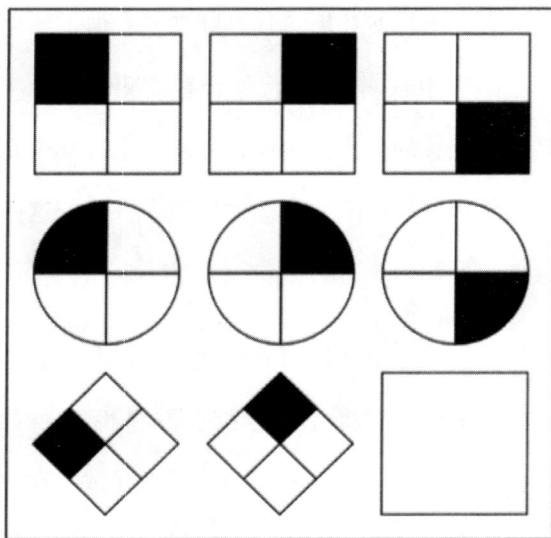

图 1.1　模拟瑞文推理测验的问题

资料来源：http://en.wikipedia.org/wiki/File:Raven_Matrix.svg

题目会越来越难,右下角的图案一直都是挖空的,需要受试者做出最好的选择。瑞文测验大受欢迎,一方面由于它适用于多人同时测试,另一方面因为相比其他智商测试,它看起来(请注意是看起来)避免了文化偏见:该测试不考察词汇量、不关注是否了解英美国家历史、不关注算术能力,以及其他明显的受教育技能。很多人不会选择在学校和家庭实施瑞文类测试,所以有关它的培训也不太受关注,因为测试分数很容易通过培训人为地改变。

语言分数与视觉分数可相互预测

g 因子和达·芬奇效应意味着,智商测试某部分的成绩可以预测另一部分成绩。但它的预测能力到底有多强呢? 可以保持基本一致吗? 如果这样,现实世界中"几乎一致"关系是什么体验? 双胞胎的例子可以说明,双胞胎的身高往往是非常接近的,它们"基本一致"。

在本书中，如果两者关系很强，我将称为"接近一致"或"基本一致"。但是两者的测量单位不需要一致，例如华盛顿平均每月的华氏温度与巴尔的摩平均每月的摄氏温度接近一致，即其一年中气温上升和下降的规律接近一致。另一个例子，你本周和下周的智商测试分数也接近一致。虽然测试成绩与个人状态有一定关系，但状态的好坏还不至于影响到测试分数接近一致的关系。有研究甚至表明，成人的智商与其五年后的智商接近一致。

体质指数（Body Mass Index，BMI）主要评估综合身高和体重比例，用于反映肥胖或偏瘦的状态。如果双胞胎被分开抚养，其体质指数的关系有所减弱，但其关系依然很强。可以想象到它们之间关系变弱的原因有：不同的抚养方法和运动与否等。但是双胞胎的体质指数相似的规律还是相当有用的，这就是我们称为"强"或"紧密"的关系。这就像你青少年时期的智商和你中年的智商一样，关系很"强"（至少在富裕国家是这样的）。青少年时智商得分高的人中年时的得分依然高于平均值，当然也有些人明显变得比之前更好或更差。这些例外的案例很有意思，值得以后研究，但傻子才会无视某些规律，如国家的平均智商与国民的人均收入之间的关系很强。

　　稍弱的关系也要有专门的称谓,本书将称为"适度关系"或"中等关系"。例外是很常见的,但如果对比各个小群体之间的平均值,规则还是存在的。例如,我们熟悉的性别和身高的关系。男性一般比女性高,但是例外的案例随手可得,可是很少人反对"男性一般比女性高"这结论,因为大家都知道这是一种抽象概括。这种"适度关系"或"中等关系"在智商测试中也是存在的,一般存在于同一测试的不同部分之间,或者不同类型的测试结果之间。打个比方,某项研究表明,三年级学生的瑞文测试得分与词汇得分的关系不是很强,但词汇得分与阅读技能关系非常密切;五年级学生的瑞文测试得分与阅读技能关系非常密切,因为随着年龄增长,智商测试各部分之间的关系越来越紧密。

　　20世纪有一项令人惊讶但可靠的研究表明,视觉—空间智商测试得分与文字能力得分之间有一定乃至紧密的联系。所以,一份简短的、单部分的测试可以预测到受试者在其他部分的表现。我和经济学的同事们在研究中将此称为"达·芬奇效应"。我们常常使用瑞文模型对受试者进行测试,因为其结果与其他部分测试关系紧密,而且,该测试为纸笔测试,可以多人同时进行。

比"一般关系"还要松散的,我们称为"弱联系"。例如,身高和智商的关系是正相关的,但关系比较松散,高个子智商仅仅略高于矮个子。他们之间不是没有关系,但需要对大规模人群的平均值进行对比才会呈现出来。典型案例是,一群 6 英尺高的女人可能稍稍比一群 5 英尺高的女人聪明一点,请注意,是"稍稍"。所以,哪怕一名应聘者身高只有一米五,你也不可能因此而拒绝对她的面试。

不测试而知智商

有没有可能不通过测试而大约测量到某人的智商及其他心智技能呢?如果这样,关于测验偏差、语言技能及受教育测试等背景因素将消失,我们将获得更加准确、有效的智商评估结果。幸运的是,过去数十年来,磁共振成像,肿瘤、心脏病治疗设备(Magnetic Resonance Imagine,MRI)技术帮助我们实现了智商的测量。

　　智商研究者使用 MRI 技术回答了智商研究的世纪难题：聪明的人大脑尺寸是否更大。总体而言，答案是非常清晰的："是"。一个人的智商与其大脑尺寸关系是适度或中等的：虽然充满各种例外，但规律也是存在的。关于智商与大脑尺寸关系的研究浩如烟海，关于各种研究的综述都有不少，以下引用三段说明，其中两段来自牛津和剑桥大学出版社，还有一段来自牛津优秀的"通识读本"系列，如下：

　　"虽然大脑尺寸与智商的联系不太紧密，但实实在在存在。

　　非常清晰地，大脑尺寸与智商测试得分相关，这种'适度'的关系……不是一切，但也不可忽略。

　　我们觉得最合理的判断应该是聪明的人真是'有脑'一点。"

　　第二段引用出自心理学家厄尔·亨特，他认为虽然目前的 MRI 技术已经确定了智商—脑尺寸之间的关系，但是，

"我担心没有人继续深入探讨它们之间的关系……"

原因？发现智商—脑尺寸关系的 MRI 技术已经可以测量一个民族的脑尺寸及其相关的个人认知技能，故研究人员不再关注尺寸，转而关注地域。之前关注智商是什么的问题已经转向关注智商在哪里工作的问题。我将不继续深究这个问题，但 MRI 技术目前已经具备了解脑活动和智商结构的可能。

脑尺寸和智商的适度关系可以说明什么问题呢？说明不了什么问题。正如智商和身高之间的弱关系一样，不能因为这样的弱关系而总结出高个子就聪明的结论来，因此也不能总结出大脑袋要更聪明。但脑尺寸与智商之间的关系本身是很有用的。批判者总坚持认为智商测试存在这样那样的偏差，这些偏差必须引起我们的关注。然而，智商测试和 MRI 机器不太可能存在相同的偏差。智商研究人员还发现了有别于传统智商研究的新因子，这些因子表明大脑如计算机一样地处理信息。这些因子提醒我们，速度虽然不是一切，但总有一些计算机速度快点，而快总是好事。

快,也是种本事

想象一下,在你面前有个显示屏,每半秒闪过一张图片,请猜一下它是 F 还是 L 呢?你很确定是个 F。下一个图像呈现 1/4 秒,你还能确定是个 F。然后,1/8 秒,1/16 秒⋯⋯可以想象,时间越短越难猜中。

测试图像一般比较简单,像字母 C 和一个镜面的 C,你需要回答图像 C 的开口是向左还是向右。甚至你不需要口头回答,只需要按一下"左"或"右"键。那么,在什么情况下,你的正确率低于随机回答?1/8 秒?1/32 秒?1/128 秒?这是研究人员关注的核心变量。有人觉得 1/16 秒是极限,也有人觉得 1/16 秒足够了。当然,研究人员同时还关注受试者的传统智商测试分数,这是另外一个变量。这种对比反应时间和智商关系的研究称为"检测时"研究。

有没有可能辨别图像耗时越短的人比耗时长的人(如 1/8 秒

或 1/16 秒）智商更高呢？心理学家伊恩·德利（Ian Deary）在总结自 20 世纪 70 年代开始的数十项关于智商的研究后，表示：

> "答案是肯定的，检测时长短与智商的高低存在适度关系。"

另一项研究表明，检测时越短的人，即辨别图像耗时越短的人，不仅仅综合智商趋向更高，在更多部分智商测试中也趋向得分更高。优秀的"观察员"趋向擅长视觉、瑞文型拼图，但其冷知识、和词汇表现一般。"检测时"研究可以证明智商与处理速度有关，同时这些研究表明速度并不是智商的全部，正如脑尺寸不是智商的全部一样。

除了 MRI 和检验时方法，还有第三种非测试型智商检验方法。在受试者面前放置一块计算机面板，中间有个大按钮，上面有四个带灯的小按钮。实验开始时，受试者按住中间的按钮，直到上方某一小按钮亮灯时，迅速按住亮灯按钮。按灯速度越快的人趋向拥有越高的智商。此方法被称为"基础认知任务"（Elementary Congitive Tasks，ECTS），该方法可以论证智商不仅仅与书本学习有关。

上述反应时间测验方法关注三个数据：按亮灯按钮的时间、亮灯时手指离开大按钮的时间、回答的质量。受试者是否可以在 1/20 秒内做出正确的反应，是否比其他人更优秀。研究表明，高智商分数的人表现更加稳定，低分者则不太稳定。总体而言，反应时间和智商的关系不太紧密，比脑尺寸与检测时的关系更弱，但是它确确实实存在于不同条件的研究中，或许是因为这种实验方法比较容易实施。不管怎么说，它已经成为现代智商研究的基石：高智商者按亮灯按钮的速度更快。

工作也是一项测试

一种智商测试的表现可以预测其他智商测试的表现，虽然这些测试本身区别很大。同时智商测试还可以预测脑尺寸、某些心智或物理速度。但是，智商测试可以很好地预测一个人的工作表现吗？答案是很明确的：过去几十年，智商测试比结构化面试更加有效。结构化工作面试指预先设计好题目并对所有人使用同样的面试题目。很多人力资源管理的教科书可能都使用上述结论，它们可能都在引用管理学家法兰克·施密德（Frank Schmidt）及心理学家约翰·亨特（John Hunter）的结论。

选聘一名优秀员工的方法不是完美的，甚至连接近完美都算不上，员工的智商分数与后面工作表现的关系顶多只算中上水平。但是智商测试是目前这个世界上最好的选择。另外，值得注意的是，智商分数比推荐信可靠得多。

此外，工作对高技能要求越高，智商测试的预测能力越强。贝尔电话系统在 20 世纪 60 年代对初级管培生进行了智商类型的测试及一系列的个性测试，但对测试结果严格保密，即便对于内部成员也是如此。20 年以后，贝尔解密了顶层职员当年的测试结果，发现智商测试打败了个性测试，成为最理想的预言者。有不少关于高层的研究，其中

"普遍认知技能是执行或专业表现最好的单因素预言者，因为它在中高层的工作中表现最佳。"

对于高层员工以外的普通员工，智商同样具备预测能力。美国军队照例会在新兵招募的时候使用智商测试，以便拒绝低智商者。如果智商测试不具备预测能力，美国军队的行为则愚蠢万分——拒

绝了无数满足身体条件的应聘者。美国军队的行为表明其充分相信达·芬奇效应。

军队之所以如此重视智商测试，是因为他们有足够的证据。通过对军队的智商数据库及军人的工作表现对比发现，智商测试分数与工作表现、"战士技能"有很强的正相关关系。研究人员还做了一项对比研究，检测影响工作成就的因素，包括智商、性格、气质。智商在所有因素中完胜，它与工作成就相关程度最高，而个性仅有适度的影响。也就是说，性格与气质在预测士兵的领导才华、纪律性、身体机能方面有优势。再重复一次，智商不是一切，但绝不可忽视。

上述大部分调查智商与工作质量关系的研究中，工作质量的测量方式都是主观的，即由员工的上司对其工作质量进行评价，然后与智商分数进行对比。也有一些研究的测量方式是客观的，如销售员的年销售额、飞行员成功攻击的次数。越客观的测量，两者关系越紧密。还有一种间接的测量方式，也是经济学家最喜欢的方式：薪水。无论如何，公司不是慈善机构，除非必要情况否则是不会加薪的。原因很简单，公司只会给高效或优秀员工加薪，否则留不住人才。

　　这也是受教育程度高的人更容易获得高薪的原因之一：教育程度高的人普遍工作能力比较强。假如受教育程度低、工价低的员工制造汽车或比萨的结果与受教育程度高的员工一样，雇主会雇用前者，然后赚得盘满钵满。受教育程度低的员工爆炸性增长，会降低企业竞争力，企业才明白必须投入更多才能赚钱。很快，大家对于公司管理层"雇用教育程度低员工，赚取三倍利润"的理念颇有微词。

　　当然，还有些不常见的情况。在同一条生产线上，一组员工的薪资比另外一组更高。这不是因为老板是慈善家或傻子，而是因为高薪组必然生产效率更高。不同生产线不能放在一起对比，风险高的工作必须给出更高工资，而有趣的工作则不需要同样的高薪。我们要相信，总有人愿意在听众前演奏吉他，而不需要为他支付太高的工资。

　　规则是这样的，如果有家公司给部门员工很高的工资，可能因为这些员工有天才般的高效。员工的薪水可以如实反映这些员工的市场价值，那么智商低的市场价值呢？

市场化测试：智商与薪水

在 1957 年，威斯康星州的某个政府机构对三千名青少年男性进行了智商测试，然后在他们 35 岁、53 岁的时候调查他们的生活质量。研究其中一部分调查他们的基础生活方式，包括他们及父母的受教育程度；另外还通过税收了解他们及其父母的收入情况。结果显示，青少年的智商分数可以很好地预测其成年后的收入，所以智商看起来是你长大后的财富，至少在如美国这样的发达国家是这样的。人生可能需要不断寻找自己的位置，但是金子总能找到地方让自己发光。

当这些青少年到了 53 岁，智商让他们收获了多少呢？这么说吧，智商分数排名前 10% 的人比后 10% 的人多赚了 60%。

智商的回报可以增加吗？

另外有学者关注不同的员工样本，选取像美国这样的发达国家的工人和贫穷国家的工人，但结果相似。智商与薪资的关系是什么样的呢？我们这个时代两个最伟大的经济学家塞缪尔·鲍尔斯（Samuel Bowles）与赫佰特·金迪斯（Herbert Gintis）在 2001年曾与最具影响力的经济学家莫里萨·奥斯波尼（Melissa Dsborne）合写了一篇文章，该文章综述了数十篇关于智商与薪资关系的研究。有社会科学家声称在后工业时代，劳动力市场上的高智商不再重要。上述三名经济学家想确认该结论是正确的，事实上他们发现，不管在 20 世纪 60 年代还是在 90 年代，高智商一如既往地重要，智商的附加值一直都没有改变。

最近有项研究也证实了上述结论，该研究回顾了 1929 年到2003 年年轻人的智商与其教育水平、职业地位及收入的关系，测量智商的预测能力。此项研究由经济学家塔莫·斯特然茨（Tarmo Strenze）主持，他集合了过去数十年欧洲、美国、加拿大、澳大利亚、新西兰的相关研究，分析结果显示，智商与教育水平、职业地位有中等关系，与收入水平关系稍弱，但也是正相关的。对我们而言，该研究最重要的发现是过去几十年来，智商与收入水平的关系既没减弱也没增强。那些关于智商至上的谣言是站不住脚的，未来也是站不住脚的。智商的奥妙会陪着我们走进 21 世纪。

尾声：智商是情商的关键

会不会存在多种智商？智商、社交情商是不是也如狭义的智商（IQ）一样重要？阅人能力、与人交往的能力这些技能都很重要，IQ 测试可以测量到它们吗？社会技能好像有别于 IQ 测试的模型，但记忆力（如记得几周前见过的人）、分析能力（如厘清模棱两可的社会现象）多少与之相关。达·芬奇效应同样的存在于社交中吗？

可能有人认为，测量社交或情感智力难度比传统智商测量难很多。但心理学家们已经开始尝试：他们调研情商与智商之间是否正相关，目前为止答案是正相关的。但是情商与智商之间的关系不是那么密切，不像词汇能力与瑞文模型关系那么紧密，所以例外的案例非常多。但是结果还是非常清晰的：IQ 分数可以预测社交技能。

关于社交智力、情商与 IQ 之间的联系几十年前就证实存在。20 世纪 20 年代，乔治·华盛顿社交智力测验（the George Washingtor Social Intelligence Test）已经发现社交智力与总体智商之间的中等关系。社交智力测试会询问类似"社会场景判断、记忆人脸姓名及非语言认知"等能力。另外一种社交智力测试会让受试者观看电影片段并询问影片中人物的"情感状态"。这样的测试与 IQ 有弱到中等的关系。

关于情商测验的工具已经很成熟，情绪智力量表（Mayer-Salovey-Caruso Emotional Intelligence Test，MSCEIT）就是其中之一，广泛应用于"EQ"（情商）测试。MSCEIT 既有情感智力认知方面的测量，如"这个人感觉如何"，也有推理方面的测量，如"解决该棘手问题最佳方法是什么"。所以，MSCEIT 得分高的人瑞文得分也高，这一点都不奇怪。IQ 与情商、社会智力之间的关系真实存在，达·芬奇效应也足够强大。但情商是否比智商更重要呢？我引用了心理学家 N.J. 麦金托什的原话：

> "与各种流行的主张相反……没有证据表明情商比智商更能预测某人的成功。"

诚然，如果你已知一个人的传统 IQ 分数，且你需要预测该人工作或学习表现，EQ 分数作用有限。反之不然：如果已知某人的 EQ 分数，如需预测其工作或学习表现，IQ 分数作用巨大。智商测试可以预测情商，两者经常共同进退。平均社交技能是典型的高智能红利，由于经济是一种社会系统，这些社交技能显得非常重要——高分国家生产力更高。

CHAPTER 02

国家层面的
达·芬奇效应

Hive Mind

How Your Nation's IQ Matters
So Much More Than Your Own

如果东亚地区的学生与南美地区的学生进行数学测验竞技，大部人都愿意投资 20 美元赌前者胜出。在将来，由于教育和公共卫生等因素的变化，竞技结果可能发生改变。就目前而言，这还是非常安全的赌约。

那么，同样的认知测试投放到不同的国家，还能准确地测量出智商、心智敏锐性及快捷性等因素吗？我们把问题放大一点，这些声称有效的简单测试真的可以预测真实世界中不同国家的经济产出吗？换句话说，美国设计的 IQ 测试量表可以预测巴基斯坦哪个农村更加富有吗？IQ 测试在多元化的世界真的是公平的吗？

我们想象一下，一个公平的 IQ 测试是如何显示出一个国家的平均 IQ 高于另一个国家的。X 国比 Y 国儿童营养更充足，故 X 国孩子的身高、健康程度占优势。由于大脑是身体的一部分，更加健康的孩子趋向拥有更好的大脑。如果进行公平的 IQ 测试，如瑞文图形测试（排除语言影响因素），你会发现 X 国的孩子一般占优。同样的特征让 X 国的孩子身高、智力占优。我们还能预测，X 国的孩子成人后，思想和工作效率也占优。

现在，我们想象一下另外一种情况。P 国孩子的测试通过本族语进行，而 Q 国的孩子进行了非本族语的测试，或者进行由本科毕业生翻译过来的测试，他们对该试题一知半解。毫无疑问，P 国孩子的分数更高。而 Q 国的孩子可能连题目说明都看不懂，同时翻译过来的题目也可能失真。只有少数优秀的学生才能很好地理解题干。

P 国和 Q 国的是一宗明显的测验偏差的案例。不是因为测验分数不同造成不公平，而是由于测试无效。Q 国的测验分数与学生的真实表现可能弱相关，但相对 P 国则包含了太多干扰因素。Q 国优秀的孩子可能根据粗糙的翻译找到正确的答案，但 IQ 测试并不是外语测试。由缺乏经验、对本地文化了解不多的毕业生组织的测试，其价值类似由只读了半年解剖学的学生命题的医学测试。

语言和有效的考试组织不是唯一的问题。文化也是测试不同

国家平均认知技能的壁垒。如果进行对比测试，我们必须确认 Q
国试题的系统性难度不得高于 P 国。在特定的文化背景下，有些
IQ 测试的题目注定不是很好的题目。打个比方，韦氏测试中有一
部分是图形选择题，根据题干选出缺失的图形。在过去的题目中，
有一道是这样的，"两人正在打乒乓球，但球台上没有网；一人
在打保龄球，但是手中没有球……"。对于没有见过乒乓球和保
龄球的受试者而言，这样的题目明显不合适。当然，这些都是很
明显的案例，心理学家对这些基本由于主观造成的问题早已了如
指掌：长期的心理学研究项目中有关于如何做到"文化公平"及
"减少文化影响"的应对措施。

因此，我们不能假设平均测试分数的不同都是因为平均心智技
能的不同造成的。有些人可能具备一些市场上、政治上的优秀技能，
但无法在不公平的测试中体现出来。同时，不同国家之间分数的差
异可能反应出现代市场和政治技能的不同。不管怎么说，如果我们
对预测现代经济成就感兴趣，如预测日本、意大利、英国分析和利
用信息的能力，我们需要一项可以区分心智技能的测试。

可能人们的某些技能是相同的，但在标准化测试中和社会实
际产出中显示不出来。倘若如此，未来的研究可能会深入探究这

些项目。但我们更加感兴趣的是那些可以进行跨国心智技能测量的项目——标准化测试，如数学、阅读、IQ 测试，而这样的测试是存在的。

不同国家的 IQ 分数：如何得来的？

过去数十年间，心理学家、经济学家、公共卫生学者已经在全球范围内进行了 IQ 测试并把结果发表在学术期刊上。但一直没有人系统地收集和对比不同国家之间的差异，直到 2002 年心理学家理查德·林恩（Richard Lynn）与政治学家塔图·万哈宁（Tatu Vanhanen）的专著《智商与国家财富》问世。自此，林恩与其合著者不断地修正、扩展数据库；他也成为收集不同国家 IQ 分数的主要研究人员，但不是唯一在做这个项目的人。后面章节会引用到这些数据库，谨对合著者表示尊重，一如对林恩的尊重。

过去数十年中，林恩发表了不少煽动性言论，都是关于不同国家之间的平均 IQ 水平。但他的研究还是被广泛引用，其中还包括他的批判者。他有一项引起广泛讨论的研究，是关于在某些国家传染病会降低平均 IQ 的，该研究呼吁通过抗击疾病来提高智商。期刊《经济学人》及比尔和梅琳达·盖茨基金会 2011 年讨论了该项研究，引用了林恩的图表——Y 轴的"国家与平均智商"与 X 轴的疾病率。比尔·盖茨指着该图说，"虽然 IQ 测试不是完美的测量技术，但该图所示的情况（指国家 IQ 与疾病负担）是巨大的不公平"。盖茨小心谨慎地引用林恩的数据的做法为研究者树立了很好的榜样：数据可以不完美，但仍然可以带领我们逼近真相。

林恩的数据库有超过 100 个国家的 IQ 估算，大部分国家的估算基于不止一种测试结果。数据来源大部分是已经发表的学术研究——有些是小学一个班的测试结果，有些是同一个城市健康与不健康孩子之间的对比，有些是成千上万的孩子与成人的测试结果。林恩与他的合著者一起做了相关研究的文献综述。瑞文图形 IQ 测试是最常见的测量工具，所以文化及语言问题得到很好的控制，不像前面的 P 国与 Q 国的测试。英语国家、富裕国家的研究数据非常多，而贫穷国家只能依赖一两项研究结果。总体而言，具备多种 IQ 测试分数的国家，分数都比较接近：如美国约 98、英国稍高于 100、日本约为 105，等等。有些国家的数据只有失真的、低质量 IQ 的数据，当然他们的经济数据也如此，尤其在最贫困的国家，经济统计一般很不准确。但对于国家的平均智商和平均国民收入，多角度与多来源的数据还是可以帮助学者勾勒出一个国家的轮廓，就算不完整但还是有用的。在这个问题上，我推荐另外一本书——《文化与儿童智商》（*Culture and Children's Intelligence*），该书做了林恩一样的事，但涉及的国家少很多。作者同样使用韦氏智商测试进行对比研究，但研究对象是 12 个富裕国家。研究结果表明，这些国家的平均 IQ 有细微的差异，但兴旺发达、教育程度高的国家一般都有较高的 IQ 分数。

林恩所利用的学术研究成果中，有一部分来自其他学者，不完全是他个人的数据源。他也使用心理测试企业提供的智商样题：当这些企业希望出售研发的智商测试试题时，大量的样本是非常有价值的，因为这样可以"标准化"他们的试题，然后学校心理学家、监狱心理学家和其他心智健康专家可以声称，"某人心智居于我国 30%，或 70%，或 99% 的水平"。这些标准化的样本通常都比较大，可能有 1,000 名受试者，反正足够让人信服，数据不是偶然的，也不是测试专家刚好碰到一群特别聪明或者特别愚笨的人。

标准化样本产生的平均分数一般与同一个国家的其他分数接近，让我们对一些小研究的结果充满信心。当然，检验林恩的数据是否准确，最有效的办法就是将其结果与其他学者历年来的数据进行对比。在后面的章节将提及这些对比。

林恩数据库最强大的地方之一是使用大量的非语言测试，尤其是瑞文测试。正如我和施耐德的研究表明的，就算我们扔掉其他数据，仅使用瑞文测试分数来预测某国家的经济生产率，国家平均瑞文智商分数与国家生产率之间的关系还是非常紧密的。为了完善自己的数据，林恩使用了一些国际机构提供的数学成绩。这是可行的，因为任何认知测试都不是完美的，而综合多个不完美的数据会让结果更加准确。例如，让五名护士专业一年级的学生测量一个人的血压再进行平均，其结果可能比不上一个有经验的护士的测量结果，但总比完全不测量可靠。

当林恩和万哈宁首次出版他们的巨作，大多数媒体的关注都集中在欧洲国家之间的细小智商分数差异上：101 分的瑞典人真的比 98 分的挪威人聪明吗？这些纠结两三分差异的讨论明显激怒了林恩和万哈宁。林恩把英国人的平均智商定义为 100，同时将其定义为全球智商的"格林尼治标准时间",而英国 2/3 人口的智商在 85 到 115,两三分的差别是相当小的。在他们的第二本书里,他指责读者所纠缠的差异更像测量误差,而忽视了平均认知技能的差异。智商分数说到底是对平均心智技能的粗略估计,正如你的期末成绩最能反映你对该课程的掌握程度,正如国家发布的经济统计数据是经济表现的粗略估算——我们应该关注巨大的差异。下面将讨论目前平均智商分数最低的国家:撒哈拉以南的非洲地区。

目前撒哈拉以南非洲的平均智商:心理学家们的辩论

先引用一段话开篇:

"毫无疑问,非洲的平均智商低于西方国家。"

这段话不是来自林恩,而是来自林恩的批评者,心理学家杰尔特·维彻兹(Jelte Wicherts)与其他人合著的文章。杰尔特·维彻兹与其合著者注意到测验偏差有助于解释撒哈拉以南非洲的地区低智商分数的原因，同时还指出健康和营养的提升、优秀电视教育节目、互动性玩具都有助于提升这个地区的平均智商分数。

在该文章中，维彻兹与其合著者系统地评论了林恩关于撒哈拉以南地区国家的平均智商的研究。维彻兹与其合著者（下称维彻兹）确实找到一些证据，证明林恩关于撒哈拉以南地区智商分数的测量是有失偏颇的，因为林恩引用的研究一般基于社会精英阶层，不具备代表性。另外，林恩喜欢引用研究质量存疑的低智商分值案例。有些研究的数据来自营养不良的或患病的学生，很遗憾这些地区普遍充满饥饿与疾病。林恩引用的其中一项研究表示有些孩子缺乏教育，甚至不会正确使用铅笔。我想，这样的智商测试分数的可靠程度和我使用日语或西班牙语的智商测试得分一样。林恩与维彻兹回顾和发表了一系列文章，相互评论对方的观点与选择，这种观点的交换非常有价值，说明了大型数据库的建立过程中需要做多少判断。

林恩在 2002 年发表文章指出撒哈拉以南地区平均智商为 67，在英国 2/3 人口的 85~115 范围外，在回应维彻兹的评论和修改了引用的研究之后，林恩把这个数字提高到了 70，远远低于亚洲国家的 106、英国的平均值 100。根据林恩的结论，撒哈拉以南国家与英国的智商差距有多大呢？70 在英国排在 2%的水平（100 排在 50%的水平）。不难想象，林恩激起了多少人的反感。一个国家的平均认知技能可能这么低吗？至少表面看来，一个国家的平均值这么低是荒谬的。

那么，谨慎的维彻兹持什么观点呢？他认为撒哈拉以南地区的平均智商应该是 82，约在英国 12%的水平上，比 70 提高了不少。部分原因是维彻兹舍弃了部分有营养问题的家庭及低社会经济地位的孩子的数据，只关注健康、家庭经济地位正常的学生。在贫穷、疾病横行的撒哈拉以南地区，该决定无疑忽略了很大一部分人口。

为了进一步验证数据和得到最佳平均值，维彻兹另撰一文，关注最好的样本数据：大规模的随机人口，排除教育及健康等倾向性问题。当维彻兹小心翼翼地抛弃了有瑕疵的研究，从几十项研究中精选出不到十项，他的结果是什么呢？有没有发现林恩研究中的测验偏差、数据误差呢？不好意思，他最好的样本分析得出的结果是平均 76，排在英国 5%的位置！

通过维彻兹和林恩的数据库，我们对认知技能的估算更加了解，并可以得出好几个结论：第一，渴望把贫穷地区智商提高到东亚水平的研究者，比如我，有了明确的方向；第二，进行跨国对比的研究者，比如我，会顾及到一些最低分数可能不完全准确的可能性。故我所做的分析可能基于"取整"维彻兹水平的低分或其他做了统计学调整的数据，使低分国家的效应降低。

最后，如果撒哈拉以南地区智商测试所测量的技能是富裕国家雇主所关注的价值，我们或许可以断定撒哈拉以南地区的工人比富裕国家的工人效率（平均）更低。该现象首先值得公共健康专家关注，最后也激励我们研究发达国家智商与收入的关系。

智商分数还可以预测什么？

大量的文献阐述了智商与收入的关系。在贫穷国家，包括撒哈拉以南地区和其他地方，智商测试可以预测到非常具备实践意义的事情：现实世界赚钱的能力。在贫穷国家开展的不少研究都表明，高智商高收入。

甚至在巴基斯坦的农村，高瑞文智商意味着更高的收入。有人可能觉得，数千里以外的西方大学所设计出来的智商测试对本地工人收入高低不具备预测能力，实际上，这些由选框、线条、圈圈所组成的测试具备适度的能力预测巴基斯坦农村的个人收入，一如在美国。如果你问为什么，答案是达·芬奇效应：一个领域心智技能更高的人在其他领域也倾向高于平均水平。所以，瑞文分数高的人，记忆力、算术、文字技能都倾向高于平均值。这些倾向的存在，哪怕是适度的，都意味着高分者的工作更有价值，更能从工作中获得高回报。

东亚地区：世界平均智商分数最高

在 20 世纪 20 年代到 30 年代，在夏威夷的心理学家发现日本人和中国人的后代智商水平居平均或高于平均水平，同期的英属哥伦比亚也发现同样的结论。后来研究人员发现，在视觉—空间测试中他们的分数更高，而文字部分略低于平均值。后来，该结论几乎成为惯例：东亚后裔，不管来自中国、日本、韩国、中国台湾、中国香港，甚至祖先是东亚人的美国人或欧洲人，他们的视觉—空间智商测试分数趋向高于西方人的平均值。

国家层面的研究始于几十年前。20 世纪 60 年代早期，研究发现中国台湾人和中国香港人的智商略高于欧洲平均值。这些地区时不时出现经济腾飞的情况，虽然按照欧美的标准还处在贫穷状态。简单的"高福利带来高智商"的故事，无法解释几十年前中国台湾和中国香港的高分，同样的情况还有我们熟悉的、目前正高速发展的中国。健康的环境有助于提高智商，但这不是故事的全部。东亚地区和新加坡的高平均智商很难解释。

如果无法得到完美的解释，让我们至少先关注一下经济震荡国家的平均测试分数。厄尔·亨特注意到 TIMSS 数学测试前五名国家和地区中有四个位于东亚地区，第五名是新加坡（注：中国大陆只测试了经济繁荣的上海学生）。而 PISA 测试中，前五名的国家有三个来自东亚。从美国族群的平均表现来看，厄尔指出，"智商分数与教育数据成正比……东北亚人比白人稍强……"。所以，在美国本土或全世界，东亚地区人们的平均认知技能是特例。让我们期待研究者可以找到切实的方法，让所有国家的分数都如东亚国家那样高吧！

达·芬奇全球化?

　　跨国的达·芬奇效应也存在吗?数学平均分很高的国家其文字分数也会很高吗?或者仅仅是一种平衡,一种国际测试很强意味着另外一种很弱吗?海纳·林德曼用多种统计测试给出了清晰的答案:高分意味着高分。林恩的国家平均智商估值与 PISA、TIMSS 国家平均数学、科学、阅读之间的关系接近完美。林德曼与其合著者稍后把这些统计分数与PIRLS文学测试放在一起创造出他们称为"认知能力"的估量。图 2.1 展示了简单的索引,显示 PISA、TIMSS、PIRLS 分数与林恩国家平均智商估值的关系接近完美(详见数据附录)。请记住,哪怕两者关系接近"完美",总有极端个案,尤其是难以准确测量的贫穷国家。稍弱一点的 PISA 与 TIMSS 关系看起来还是很紧密,正如 PISA 与 PIRLS 之间,特别是对比一系列国家的认知测试的时候。林德曼发现跨国达·芬奇效应的确凿证据—g 因素。一个国家在一个领域呈现出的高认知技能,可能在另一个领域同样优秀。我乐意重复一遍：一个国家在某一标准化测试的高分意味着在其他测试中同样高分。

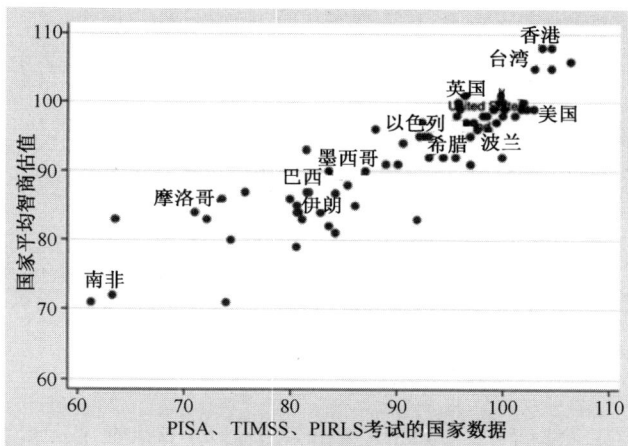

图 2.1　来自 PISA、TIMSS、PIRLS 考试的国家平均认知能力与
　　　　平均智商估值的对比

资料来源：林德曼、塞勒及汤普森所著《分数的影响》及林恩、梅森伯格所著《国家智商计算》

测量"未测量"的移民技能差异

经济学家一直困惑为何有些移民很成功而有些很失败。国家平

均智商是否可以解释这一现象？是否应该减少来自低分值国家的移民？在与心理学家乔尔·施耐德合作的项目中，我提出了上述问题。使用经济学家卢茨·亨德里克斯（Lutz Hendricks）关于不同国家移民到了美国后的平均收入的研究，我和施耐德想看看高分国家的移民收入是否有差异。答案是"是的，但"。是的，是正相关的关系，但只是适度的。实际上，我们发现来自高分国家的移民收入仅仅稍高于低分国家的移民。该发现与威斯康星州智商与收入的研究接近：1 智商分意味着 1% 的高收入。平均分 100 国家（英国的标准分）的移民收入比 90 分国家的移民高出 10%。

我们还能看出，不同国家的移民倾向于达到不同的教育水平。比如，来自西欧的移民具备更多官方认可的教育。我们只使用教育与公平的数据，所以薪资差异的来源与亨德里克斯声称的一样——"未测量的工人技能"，国家平均智商仍然意味着 1 分等于 1% 的收入差异。国家智商测量了某些未测量的数据。所以，来自低平均分国家的移民平均收入不是那么低，而来自高技能国家的移民收入也不是那么高。同时，我与施耐德的项目显示，林恩智商估值可以预测其他测试分数：它们还能预测移民在市场中的表现。

CHAPTER 03

詹姆斯·弗林及智商增长的问题

Hive Mind

How Your Nation's IQ Matters
So Much More Than Your Own

　　经济学家斯特拉·庆博（Stella Quimbo）希望找到提高菲律宾儿童智商分数的方法。她和同事与医疗、经济专家团队一道，对菲律宾的数百名孩子进行了智商测试和血液测试，同时还采访了这些孩子的父母以期获得孩子更多的背景信息。他们的发现与过去穷困国家的研究一致：不健康的环境意味着平均智商偏低。孩子血液中的铅含量应该为零，但在庆博的样本中，孩子们每分升血液中含铅 7 毫克。他们的研究认为，每毫克多余的铅含量意味着智商分数降低 3 分。

　　当然，铅暴露意味着平均智商低，但不能认为铅暴露造成了智商低。低分的孩子往往来自于低分的家庭，正如大量的智商研究指出的一样：有其父必有其子。例如，低分家庭普遍收入有限，居住环境一般，不容易有友善、干净的邻居。或许是低分造成了铅暴露，而不是其他因素。或者其他第三方因素，如社会压迫，造成了低智商和铅暴露。

提高一个国家的智商到底有多容易？仅仅为孩子提供较好的健康环境、营养或者名校就可以了吗？东亚型的平均智商分数是否可以靠政策改革实现？我没有准确的答案，不清楚其他人有没有，但有一点可以肯定：整个国家的平均智商分数是可以提高的，这件事情在 20 世纪已经发生了很多次。在富裕国家，现有的数据显示，每十年智商分数惊人地上升 2～3 分。

关于国家智商的提高，美国首先有所尝试：在第一次世界大战时，美国军队对入伍军人进行了智商测试，并保留了相关的数据和测试题目。在第二次世界大战爆发时，军队对应征人员使用了旧测试题目，里德·图丹汉姆（Read Tuddenham）教授对比了两组应征者的数据。结果很惊人：第二次世界大战应征者的分数比第一次世界大战应征者的分数高出了 15 分，是同期中国台湾和英国的 3 倍。由于受测试者数量巨大，没有巧合的可能性。不知为何，就这份相对简单的智商测试而言，1940 年的美国人比他们的父辈表现更出色。在 20 世纪 80 年代早期，理查德·林恩查阅他或其他人收集的日本半个世纪以来的智商分数，发现了很相似的情况：平均分随时间增长。但正如军队的发现一样，林恩关于国家智商的发言没有引起心理学家的关注，顶多算满足了一些人的好奇而已。

直到有一名圈外人的闯入，局面才发生了变化，他就是道德哲学家、语言学家詹姆斯·弗林。他坚持不懈地批评 20 世纪 70 年代以后的主流智商研究，发表了著名的文章《14 国大众智商》，指出不管使用瑞文还是韦氏测试，不管是笔试还是口试，长期来看，每个国家的智商都是高增长的。

数年后，政治学家查尔斯·墨里（Charles Murray）与心理学家理查德·赫恩斯坦（Richard Herrnstein）出版了《钟形曲线》（*The Bell Curve*）一书，将上述长期增长的现象称为"弗林效应"。小部分学者喜欢称为林恩–弗林效应或者弗林效应，以肯定林恩在此领域的贡献。弗林德系统化的数据、清晰的结论（环境对群体智商分析有非常大的影响）是智商研究革命的基石。当心理学家们了解到关于国家智商的数据很丰富并唾手可得时，大家便开始寻找可以解释这些数据的研究。

弗林效应：免费咨询的果实

后来的研究显示，在那些更抽象、更不具体的智商测试中，智商增长更加明显。弗林指出，在瑞文型矩阵问题及语言表达共性问题上，富裕国家进步更大。举个弗林的语言表达共性问题的例子，"狗和兔子有什么共同之处？"矩阵和共性问题都需要一定的抽象能力，需要根据表象找到背后的问题。弗林相信，智商分数的提高反映了"20世纪认知历史"的部分真相，当现代生活、文化及经济等变革需要抽象思维的时候，成人和孩子使用大脑的方式也同时发生了改变。弗林发现了营养和健康改善的意义，但当讨论到富裕国家的弗林效应时，他至少在两本书里提到，人类与祖先使用大脑的方式是不同的。

弗林的解释值得我们关注，其他学者的解释同样也值得我们关注。他们都说了什么呢？在弗林效应被首次系统提出后的30年，涌现出来各种关于智商提高的解释，至少有十多个故事看起来非常可信。在引用这些故事前，请让我们再重温一下弗林关于智商研究价值的观点。弗林是学术自由的狂热支持者，他希望学者可以在学术舞台上自由地提出各种有争议的话题。正如他多次正式提到的，他发现弗林效应的唯一原因就是为了驳斥伯克利心理学家亚瑟·詹森的观点：如果可能，排除种族之间的智商差异是非常困难的。弗林要驳斥环境、文化、营养干预对智商无用的论调。科学争议的存在激发了弗林的兴趣，在他的理念里，提高智商的办法一直没有找到，因为智商测量本身就是有争议的。他的科学磨坊需要更多的谷物，而詹森等学者为他提供了原料。感谢他们的假设，我们现在知道国家综合智商的提高是有可能的。

弗林个人相信：缩小民族之间智商的差异有利于经济发展。弗林与新西兰工党一名高级官员在 2012 年合著的文章中指出：

> 智商非常重要，由于不同群体之间的差异巨大，且其在很多领域的表现都可预测。多项证据表明，如果智商差距无法改善，种族不平等将很难被克服。智商测试可以帮助我们追踪不同群体、国家之间的智力变化，还可以帮助我们测量干预以后的智力变化。

所以弗林和他的合著者相信提高"整个国家"的智商分数有利于真实世界的经济产出。弗林痛惜群组测试分数差异研究的缺乏，在近期的一本书里，在批评了"冰河世纪促进人类智商提高"

的观点后，他指出：

"冰河世纪假设的崩溃并没有解决是否存在种族智商基因差异的问题。如果大学继续目前的思路，此类研究将永远不可能完成。大学资助了大量的平庸项目，但貌似从来没有为族群基因差异测试提供过资金。我告诉美国学术机构，我只能假设他们相信族群之间的智商差异有基因的因素，并担心他们的发现并不可靠。"

为了消除国家间测试分数的差距，找到影响差距的因素至关重要，定位一些潜在的影响因素也非常重要。由于很多研究只探索少量的潜在因素，稍后将逐一讨论这些因素，未来的研究可能会找到大量的因素，用弗林的话说就是，"族群智力基因的差异"。

营养、健康与智商

首先，有一个简单的问题：什么因素造成了弗林效应？如果弗林效应可以用很多因素来解释，那么对该理论系统而言有点尴尬。除了少数短期的实验，我们只能毫无选择地依赖于一些观察研究：心理学家或医生认为，某些特性已经增长了很长时间；某些特性可能有助于智商提升；然后我们小心翼翼地把这些特性记录下来，作为弗林效应的可能因素，作为提高国家平均智商的可能路径。

先谈谈营养和健康。富裕国家人们的身高比一个世纪前的祖先高，并且更加健康长寿。大脑作为身体的一部分，有理由相信促进我们身体更健康的因素同时会让我们的大脑更健康。在儿童疾病减少、营养充足及食物供应稳定等因素的合力作用下，表面身体与大脑健康在过去一个世纪里得到了很好的发展。在本章开篇之处，我们引用了心理学家 N.J.麦金托什（N.J. Mackintosh）的研究，在该文献中，他还指出，母亲嗜酒和抽烟（可能）会对孩子终生的智商造成伤害。但是母体的营养与儿童智商的关系则复杂一些：已经有文献证明低婴儿出生体重与低智商之间存在一定关系，但要证明婴儿体重、母体营养会造成低智商这一结论还是很困难的。

实际上，倒有一些证据表明母体营养的影响不会太大。核心证据是耸人听闻的经验，来自第二次世界大战期间饥饿的荷兰。

在战争结束前的一段时间内，荷兰一些城市无法保证正常的食物供应，日常卡路里的摄入只有正常需求的 1/3，这段时间出生的婴儿体重偏轻。但当这些孩子长大后，他们的智商与战前战后出生的孩子智商水平非常接近：子宫食物不足对孩子智商没有长期影响。此项研究也成了试金石：食物短缺不会造成低智商的结果。

我们再思考一下准妈妈可能影响孩子智商的行为。基于观察这个公认的推理方法，而非实验或恐怖的战争，我们得知：准妈妈保持正常运动的话，孩子体重一般都稍高。心理学家理查德·尼斯贝特（Richard Nisbett）在其著作《智商及如何获取它》中推荐准妈妈保持运动的部分原因是带来高体重，同时还因为：

> "常做运动的妈妈生出来的孩子头比较大，而我们知道总体而言头比较大的孩子相对聪明一点。"

已经有更确凿的证据表明，母乳喂养的孩子（至少到九个月）智商最高可以提高 6 分。关于此证据的文献非常复杂，很大程度上是因为现实就非常复杂：母乳喂养是否可以提高孩子的智商依赖于孩子的基因组成。关于母乳喂养对孩子大脑发育价值的话题引起人们的高度关注，医学数据库已经有兆兆字节的此类文献，这也是智商研究中抱怨较少的领域。请记住：如果智商仅仅是"一个测试分数"，对现实世界没有任何意义，当然没有必要投入更多资源研究母体运动、营养、母乳喂养是否有利于智商提高；但如果一个国家的平均智商影响到国家的繁荣昌盛，我们将来必须认真研究到底什么样的干预可以提高婴儿的智商。

短期的食物短缺对儿童大脑发育的影响不大，但如果青少年长期营养不良呢？或者是否存在某些目标食物对大脑健康影响比较大呢？如果经济学家声称长期营养不良比短期（数周）的食物短缺影响更大，这并不奇怪，但有证据显示政策的影响更大。林恩与韦克斯勒关于撒哈拉以南国家智商分数的辩论中提到，一个国家中最贫困人口的平均智商最低，而最贫困的人口也是营养最差的群体。国家间的智商差异是否也缘于营养差异呢？有一项实验对此有所回应。在危地马拉的小村落，给予一些营养不良的孩子足够的蛋白质补充，而另外一些孩子没有，最后他们的认知技能有些不同。蛋白质补充大大地提高了孩子的智商分数。

此类实地研究需要不断地开展，配合不同的认知技能测试，以期建立足够的证据支撑人力资本政策的制定。善意的发展专家总是强调"教育"的重要性，但正如第 1 章所揭示的，教育与国家持续繁荣的关系不是很紧密，而平均智商分数与国家的繁荣关系非常紧密。未来的人力资本政策应该围绕如何提高广泛的智商分数而设置。如果推进教育数年后可以达到预定目标，我们就努力推进教育。如果不能，我们就应该侧重于可以提高智商分数的干预，例如为营养不良的孩子补充蛋白质。

但是如果贫穷本身的压力大到可以降低智商分数呢？经济学家塞德希尔·穆来纳森（Sendil Mullainathan）与埃尔德·沙菲尔（Eldar Shafir）组织了一系列实验来回答这一问题。对他们的著作《稀缺：我们是如何陷入贫穷与忙碌的》（*Scarcity:Why Having Too Little Means SoMuch*）一书的一篇评述文章指出：

> "仅仅是让相对的穷人设想一下面临 1,000 英镑的车辆维修费用的情景，他们的智商马上受到 13 到 14 分的伤害，好像失眠了一夜。而另一项研究发现，印度的蔗农在甘蔗收获前资金紧张时的智商表现比收获后差了很多。穆来纳森与沙菲尔指出，这就是'稀缺损害思维'。"

把穆来纳森与沙菲尔的假设放到更广的层面上，贫穷的国家则陷入可怕的恶性循环中——低智商造成的认知技能低下意味着低生产率，低生产率带来的焦虑则降低了认知技能，从而无限地循环下去。如果他们的假设成立，那么，临时的大礼可能帮助他们跳出绝望的怪圈，抑制焦虑和提升认知技能，进而提高整个国家的繁荣程度。当然，这一影响全球贫困情况的假设还需要更多地论证。

教育是否可以提升智商？

受教育程度高的人智商测试表现更好。多大程度上是因为学校的培训让他们表现更好呢？至少有些解释可以表明，上学比其他因素更有效地提升了智商。有两本有关智商的教科书讲述着同样的故事。智商可以分为两个"一般"因素：

1. "流体智力"因素：解决新问题的能力，一般由瑞文矩阵或相似度测验进行测量；虽然数字广度（将一串数字按相反顺序背诵出来）似乎也可以测量相同的能力。

2. "晶体智力"因素：记住事实及解决方案的能力，通常由琐事测验和词汇测验测量。

目前看来，上学有助于提高晶体智力，但对流体智力的帮助很小，甚至为零。人们可以记住事实，并通过实践获得更多的事实经验。但当面对新问题的时候，正式的培训很难有所帮助。

请看两项明显提高流体智力的例子。第一，苏丹的一项研究表明，几个月的算盘培训大幅提升瑞文矩阵的测试分数。第二，对以色列年龄相仿的孩子进行研究，对比入学适龄及接近适龄的孩子，在入学截止到日前出生的孩子可以多接受一年的教育。研究人员发现，多读一年书的孩子词汇测验优势比矩阵测验明显，尽管如此，多上一年学仍有助于提高矩阵测验分数。

上述研究为政府政策制定提供了微弱的、但非常重要的证据来回答至关重要的问题：教育是如何改变学生的？答案很清晰，教育可以提高"智商分数"，但这种提高是否可以体现在一般解决问题的技能或仅仅体现在琐事测验上，才是问题的关键。上述证据表明教育可以提升一般的推理能力，至少在短期内可以，此结果与弗林的理论相符。在弗林的回顾中，20 世纪的富裕国家生活更像智商测试。抽象推理、厘清事实真相并与其他事实对比的能力是我们这个抽象年代重要的工具。学校通常培养学生的抽象思维和系统思维，在现代生活中，一周几个小时的课堂培训对贫困儿童而言是至关重要的。

在校学生可能（仅仅是可能）需要更多的算盘运算。使用抽象推理工具的实践，可能比历史、拼读、记忆多音节单词更重要。如果存在某些措施可以提示贫困国家的流体智力，这一方法应该成为教育政策的优先事项。另外，蛋白棒作为达到目的的路径也可能是同等重要的。时间和严肃的成本效益分析将会给我们答案。

同伴可以提升智商吗？

教育研究者反复提到的一个问题是，高分的学生对同伴是否有促进作用，即教室中是否存在"同伴效应"。此项研究的著名论文来自斯坦福大学的卡罗琳·霍克斯比（Caroline Hoxby），该论文指出同伴可以在很多方面影响我们的学习：

> 同伴效应可以体现在学生之间的指导中，但是也体现在中断课堂、改变课堂气氛上，同时也可以体现在学生从家带来的资源的分享上。

　　同伴是否影响孩子的问题可以放大到其他范围：我们的邻居、家人、朋友能否改变我们？社会学家克里斯塔吉斯（Christiakis）及福勒（Fowler）在他们的热销书《连接：你的朋友的朋友的朋友如何影响你的感觉、思维和行为》中给出了答案。在课堂学习的案例中，两方面的证据都需要有，即高分班是否会提升某个孩子的标准化测试分数，而低分班是否会降低其表现。这个问题被测试过无数遍，用一句话总结这些文献就是：有迹象表明存在正面影响，也有迹象表明没有影响。在这些模棱两可的结果中，可以肯定的是捣蛋的孩子影响学习。正如经济学家博克及扎斯所言：

　　"目前，关于各种类型的同伴效应的研究文献大量存在，结果也众说纷纭，但依然无法抽象出对政策制定有帮助的证据来……不过近年来大量的研究已经达成共识：同伴引起混乱的行为对于个人的影响是负面的。"

　　未来的研究可以明确哪些同伴行为影响到测试分数，以及这些影响是终身的还是短暂的。在此之前，应该保持谨慎的态度：同伴效应影响不大。

弗林效应的可能来源

　　教育和健康是弗林效应最确凿的来源，它们与政策相关，值得我们重视。但也可能存在其他来源。有些来源不容易被观察到，有些来源对政策制定者而言不具备操作性，但所有来源都值得我们思考，因为社会学家对此了解甚少。在此，我要引用一些学术界广泛讨论的观点，它们不代表个人观点。

　　"提示世界智商的密码在于盐"：这是《纽约时报》2006年刊登的文章指出的。缺碘会影响孩子大脑发育并影响成人的智商。富裕国家倾向在盐中加碘，不知不觉中提高了智商。

　　"选择题的猜测回答增加"：有些智商测试如瑞文都是选择题，但有别于 SAT 考试的倒扣机制，智商测试对于错误回答没有惩罚措施。近几十年来，学生对于不懂的题目倾向于猜测而非不回答，这也是弗林效应的部分原因，虽然是非常小的部分，因为非选择的智商测试也显示受试者的分数有所提高。

　　"相似的智商测试题目"：这是实践性的效应，当你遇到瑞文测试时，你很可能已经见过，因为它只有一套"标准化进阶矩阵"题目。没有足够大的题库可以让心理学家每次都使用新题目，甚至其他智商测试的题库也非常有限。所以，那些小时候做过智商测试的孩子，在面对升学、评估、科学研究的时候，很可能在做一份已经做过不止一次的题目。现在的标准化测试很标准，如果存在有经验的考生，他们的下一代将通过不断地练习获得有效的应试技巧。

"以孩子为中心的更小的家庭"：家庭规模影响智商的观点一直都存在。在小家庭中，孩子获得更多成人的关注，听到更多成人之间的对话，思想更容易早熟，孩子可以接触更多、更大的词汇及更多想法。这些都能提升智商分数和现实表现。

"更多室内照明"：这是最具推测性的原因。人工照明可以带来更多的阅读时间和思考时间。

"弗林理论——生活变得更像智商测试"：我在前面提到弗林效应，并一再强调它仅仅是一种理论——它很难被验证，更难于被政策制定者利用，但它很强大，不容忽视。在弗林世界里，抽象能力成为相当有用的技能，具体的、记忆的、程序化的技能，类似结晶、实事求是的智商将更加重要，更具有实际操作性。在当今社会中，抽象能力是最被迫切需求的技能，不管是在描述软件功能、思考在熟悉又陌生的州际高速的驾驶上，还是决定如何回应正在向我推销的陌生人方面。弗林认为，找到事实之间关系的技能比过去使用得更多，所以我们的心智地图与我们的祖先有巨大的区别。

关于弗林效应的研究文献很多，大多数都是推测性的，希望我的讨论没有打破任何新的研究土壤。弗林效应证明提升智商是有可能的，同时它还强调现代经济所需的流体推理技能可以被提升。它指出，平均分较低的国家可以通过政策改革提升智商。但弗林效应到底是核心认知技能的提升，还是仅仅提升了受试者的应试技能，这是个问题。

最后，我想重复本章开篇之初提到的提高国家平均智商的渠道，具备实际操作性的渠道：减少铅排放。事实证明，环境中的铅（来源于油漆、汽油、管道等）会降低智商。环境中的铅对智商分数有害的事实已经为社会所广泛接受。一项重要的研究表明，美国环境中的铅提高了犯罪率；而另外一项研究表明，目前美国犯罪率的持续降低可能是因为美国政府对铅排放的严格控制，包括含铅汽油、含铅油漆及其他铅暴露的来源。该研究的核心证据是，有些州较早限制了铅排放，人们可以对比早期采用限铅条例的州的与后期采用的州，事实证明前者犯罪率更低。其他富裕国家控制铅排放的条例同样降低了犯罪率。限铅排放的环境条例可能需要深入探讨其相关后果，就提升智商及降低犯罪率而言，该政策绝对利大于弊。凯文·德拉姆（Kevin Drum）在《琼斯夫人》杂志上指出：

"……将儿童的铅暴露问题与儿童日后各种疑难杂症进行相关研究的文献正在增多，包括儿童的低智商、多动、行为问题和学习障碍等问题。"

铅暴露仍然是个大问题。撒哈拉以南国家是世界上最晚禁用含铅汽油的地区，而它们在 2006 年就该被禁止。如果这些地区可以有效禁止含铅汽油的使用，那么我们可以预计 20 年后，这些地区孩子的大脑健康状况将得到显著提高。遗憾的是，很多贫苦国家的铅暴露问题还是不可避免的，虽然发展中国家大规模的铅排放被禁止了，但低水平、亚临床的铅暴露仍然存在，这一因素降低了智商测试分数。我重提铅暴露问题的部分原因是它可以通过政策改变，还可以视为提升智商的政策；还有一部分原因是期待更多学者找到更多的政策性方法，把每个国家的智商都提升到东亚水平。

CHAPTER 04

高智商者将
统治地球吗?

Hive Mind

How Your Nation's IQ Matters
So Much More Than Your Own

欧洲的一个大学正给你出价：现在拿走 100 欧元与一年后拿走更多（更多的范围是：102.5 欧元、105 欧元、107.5 欧元，依次递增）。实验结束后，你将得到一张支票，支票可以马上兑现或一年后兑现。实验人员掷硬币决定你可以马上拿走 100 欧元还是等待更多的钱，你有足够的理由如实回答，因为两个选择都会实现。那么，到底多少欧才值得你等待一年呢？

简单地说，该实验由经济学家多曼（Dohmen）、福尔克（Falk）、霍夫曼（Huffman）及森德（Sunde）数年前针对 1,000 名德国人开展。同时他们也对受试者进行部分智商测试。他们发现了与心理学家先前的研究一致的结果：智商测试高分者倾向做出更有耐性的选择，他们会选择等待而不是马上兑现。15 分智商差异意味着 2.5 欧元的等待。作者还详细调研了智商—耐性效应是否只是教育的副作用，或由于家庭收入、现金暂时短缺及其他因素造成的差异。但上述因素不能完全解释智商—耐性的关系。此类或相似的实验表明，认知技能测试高分者倾向于更等待。在心理学范畴上，智商与耐性的关系是没有争议的。耶鲁心理学家萨摩斯（Shamosh）及格雷（Gray）综合了 20 多项研究结果，发现智商与耐性之间存在正相关关系，虽然弱但真实存在。总体来说，聪明的人更有耐性。

有人可能喜欢刨根问底。有耐性的孩子学习刻苦是因为他们的耐心建立了良好的认知技能吗？或者由于认知技能优秀的孩子更懂得思考未来，从而放弃了眼前的诱惑？"为什么"很有意思，我们将马上揭晓。但"是什么"，即智商与耐性的关系，已经呈现出来。

经济学家一直无视上述现象，直到数年前主流经济学家开始对心理学感兴趣。行为经济学是心理学与经济学的交叉，它承认人类不是机器人，也非理性的决策者；但学院派经济学理论却假设人类是"经济人"。我所见到的优秀的经济学家都不相信"绝对经济人"的存在。"经济人"假设由宏观经济学之父凯恩斯提出,他在心理学、自我错觉及非理性等研究领域投入了大量精力。他认为,与其说"人不是超级理性的",还不如说,"人都是非理性的"。

后者是行为经济学的提法。行为经济学最大的成果是相信很多人在短期内都是非常冲动的,他们认为今天的一美元和明天的一美元有着天壤之别,但却认为七天内的一美元和八天内的一美元没有太大区别——现在与明天的区别是巨大的。这种现象被经济学家称为未来的"双曲贴现"。专业点说,双曲贴现涉及你在代数课堂上提到的双曲线(陡峭的两条曲线)。我更乐意思考当人们发现必须等待未来的时候,双曲线到底有多大的扩张和多戏剧化。

大脑扫描也发现了双曲贴现的存在。在过度简单化的风险中,大脑的决策中心分成了两派:边缘系统(蜥蜴脑),它接近脑干及前额叶皮质,位于前额下方。边缘系统负责情绪化、冲动、本能的回应。当你站在糖果屋前,你的边缘系统自动开启,充满期待。同理,在面对今天的 1 美元和明天的 1.5 美元时,边缘系统自动开启。当它开启时,人们极度倾向选择即时获益。但如果让人面对七天后的 1 美元和八天后的 1.5 美元,边缘系统失效,而脑能量将投入到理性前额叶皮质。这时"经济人"出现了：思考利益与投入，往往选择多等一天以获得 50 美分。

到目前为止还不错，人们有时候理性，有时候冲动——行为经济学有效。但经济学家本杰明（Benjamin）、布朗（Brown）及夏皮罗（Shapiro）往前推进了一步，他们在一篇文章中抛出了撩人的问题："谁是行为？"。他们让一群智利的高中生提出了"现在钱"和"未来钱"的问题，同时也测量学生的智商。该文章的作者们发现低智商的学生倾向于马上取走钱。他们甚至还发现高智商的学生一般受教育程度高、父母富裕。他们还审视了美国的相关数据，包括谁趋向抽烟、谁趋向储蓄和投资、谁趋向拥有资产而不是债务。在抽烟有害健康的观点深入人心的今天，抽烟被认为是冲动行为；建立储蓄计划或者高储蓄低债务需要认知技能与前瞻眼光的结合。作者们还发现与其他研究一致的成果：就算你知道某人的收入，甚至家庭背景，知道他们的智商分数可以预测是否抽烟、是否高储蓄、是否有投资账户。认知测试可以预测儿童和成人的行为。

至少在面对不耐烦与冲动时，行为经济学对于智商分数低者而言是存在的。相对而言，智商高分者的行为更加理性，更像"经济人",尤其在面对短期诱惑的时候。在众多经济实验中都可以发现,高分者的行为更理性。有研究表明,短智商型测试(认知反应测试)分数较高者,在逻辑推理问题上较少犯常见错误,包括文字逻辑和推测性问题。到目前为止,我们可能确定的技巧是,智商有利于预测文字及数理逻辑技能。但当行为经济学家声称发现人类逻辑缺陷的时候,我们还是应该提防高分者在常见错误以外的缺陷。

目前,大量的心理学、经济学实验及调查表明,高智商者更有耐性。从这些实验和调查中可以总结出大家可能不太愿意承认的事实:这些实验所用的"诱惑"比较小,可能 100 美元就是最多的了,所以受试者的回答可能不太准确。但有项特殊的研究,其赌注远远大于上述经济问题,确切地说不是钱的问题而是人生选择的问题。美苏冷战结束后,美国开始裁军,军人可以自由选择"买断工龄"的方式。士兵们有两个选择:一次性补贴 25,000 美元或分 15 年支付的年金,但其总额远远大于 25,000 美元。

由于是军队行为,所以大量士兵的数据都是可查的。经济学家华纳及帕利特调查了选择年金的人,几乎囊括了他们所有的信息:是否工程师、上一年的收入、性别、种族背景及其他各种因素。在预测选择年金还是一次性补贴这个问题上，以上种种信息都不如智商分数有效，理所当然，高分者选择了年金。在面对这么高的赌注——类似人生选择的问题时，高智商者依然表现出非常耐性的特质。这项研究结果值得我们牢记，因为在经济学理论和真实的世界中，耐性至关重要。

为什么聪明人更有耐性？

在社会科学领域，事实与原因之间有一道巨大的鸿沟。智商与耐性之间的关系大家有目共睹，但"为什么"不容易回答，我们不能靠直觉和故事来解释，需要认真地考量核心因素。萨摩斯和格雷认为，原因之一是高智商者在面对未来的思考时，具备同时综合多种因素的能力。他们的理论如下：如果你需要选择"今天的 100 美元"与"一年后的 150 美元"，你需要考虑到：

1. 如果没有这笔收入，目前的状况；

2. 如果没有这笔收入，未来的状况；

3．现在有了 100 美元，目前状况得到什么样的改善；

4．一年后有了 150 美元，将来状况得到什么样的改善。

上述四种因素的综合可以得出一个结论：现在还是将来。如果不能同时思考这四个因素，你可能会做出不当的选择。如果智商测试有一种可靠的结果，我们会看到高智商者善于同时做多因素的思考。比如，我们前面提到过，智商测试中有一项技能是"数字广度"，即测量你可以倒背多少个数字。打个比方，考官说 3、1、9，你就回答 9、1、3。可以正确记住越长数字的人，智商测试其他项目的分数也越高。

按顺序记住数字不容易，但倒背数字更困难，所以倒背数字的能力意味着整体智商的水平。而在倒背数字项目中表现优越的人，其整体认知技能也很强。所以萨摩斯和格雷认为，高智商者更有耐性的原因之一是他们往往可以同时思考多个因素。智商与耐性的关系非常重要，值得更多的关注。我们已经知道他们同时出现，但"为什么"还是未知的。

在对比现在与将来时，你不仅仅是在"运算"各种因素，还需要"想象"将来某个时刻不同数额的金钱意味着什么。将"未来"当"现实"来思考，同时还要考量其"后果"，某种程度上意味着你活在威利旺卡歌词里面的"纯想象的世界"。

耐性与储蓄

1928 年，赫赫有名的经济学家弗兰克·拉姆齐（Frank Ramsey）注意到耐性与想象力的联系，"享乐在前，辛苦在后的思维方式……源于缺乏想象力"。他的"储蓄的数学原理"就是基于上述观点，该原理也是现代宏观经济学的核心。"拉姆齐增长模型"指出，国家富裕的之道之一就是制造更多的机器和设备，而制造机器和设备需要居民把钱存进银行而不是消费掉，这样银行就可以给企业贷款，这些贷款可以用于办公室租赁、设备购置以保证企业利润的持续增长。

这是伟大的宏观经济学方程式：储蓄等于投资。很多宏观经济学行为都是在解释这一方程。如，该方程认为，偿还信用卡是种储蓄行为，因为你正在积累财富，同时你存在银行的钱可以贷给其他人。该方程还认为，放到国家层面的话事情将更加复杂，例如一个国家向另一个国家借款购买机器。最后它认为，一个 30 万亿元的项目投资（如购买机器设备，建设厂房和办公室）意味着有很大一部分牺牲了今天的享受，把钱存进了银行，期待着明天的回报。投资需要耐性，经济学家几百年前就对这个道理了然于胸，但拉姆齐能用几个简单、优雅的方程表现出来，也算是一种小小的革命。

在真实世界中，智商总是与耐性同行，耐性带来了储蓄，所以你可能会想，高智商国家倾向于拥有高储蓄率。是的，事实果真如此。图 4.1 表现了全球不同国家智商与储蓄率的关系，是中等正相关的。由于高分国家一般来说政府都运作良好，也保证了储蓄的资金安全。如果你留意到政府质量的差异，也会发现"国家智商"与"国家储蓄"之间的关系与政府质量关系密切。排除少数几个产油国，这种关系更加明显。其实这些产油国最应该储蓄，以防某天石油用完。一句话，高智商国家一般拥有高储蓄率。

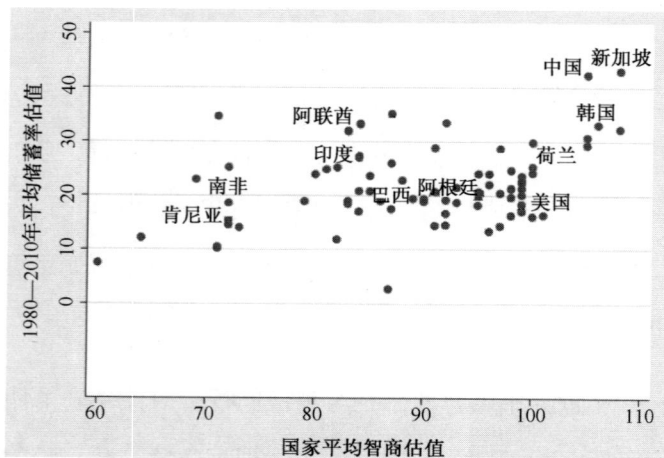

图 4.1 国家平均智商与国家储蓄率

资料来源：林恩及梅森伯格《国家智商计算》及国际货币基金组织：世界经济展望——国家储蓄率

　　当然，建工厂和房子是某中一种储蓄的方式。教育是另外一种储蓄途径——当下投入时间和金钱以期在未来获得更多的回报。保留自然资源也是一种储蓄：环境恶化是在过度消费国家健康。国家平均智商仅仅意味着"真实储蓄率"吗？如果把教育、环境都算进去呢？答案是肯定的，就算把其他不同因素都计算进去，智商得分高的国家还是更节俭，更懂得计划未来。

和邻居比节俭

　　高智商国家倾向于拥有更多的储蓄，这些储蓄率是无数民众个人决定的，还是由蜂巢思维所成就的？我的同事布赖恩·卡普兰不时提醒我社会学最重要的发现是"人们倾向中庸"。我们总是喜欢模仿邻居的行为，因为这样让我们看起来比较正常（模仿大众行为），或者想"比时髦"（模仿社会经济地位比自己高一点点的人），或者我们想学习到最好的行为方式，所以才不断地在身边寻找更值得学习的人。这些都是无意识的行为，几乎可以肯定：人们发誓比高中同学活得更好点，而不是比奶奶们活得更好点，他们似乎也不是有意这么做的。

　　在美国伟大的讽刺作家、社会学家、经济学家托斯丹·凡勃伦（Thorstein Veblen）之后，凡勃伦效应广为人知：人们的消费习惯往往是由社会攀比驱动的。凡勃伦尤其关注炫耀性消费，即购买邻居可见的产品，或消费一些可以证明自己社会地位的项目，例如假期的出国旅行。康奈尔经济学家罗伯特·弗兰克（Robert

Frank）及哈佛经济学家朱丽叶·斯格尔（Jliet Schor）一直主张的观点是消费者往往都是被社会性驱动花钱的。他们认为，人们花钱存钱的决策，工作时间长短都受到身边人的影响。我们的负债率、节俭程度、努力程度，也受环境影响。大量的消费者行为教科书都认为，我们的同伴和模范人物是环境的一部分，他们影响着我们的消费选择。

打个比方说明我们花钱存钱的决定是如何受身边人影响的。你的邻居是否中了彩票然后买了辆好车？这意味着，你也很想买辆好车。至少，经济学家皮特·库恩（Peter Kuhn）和他的同事在研究荷兰彩票结果时发现：中了彩票的人热衷于买豪车（不奇怪），而他们的邻居也想买辆豪车。购买是社会行为：大部人都努力尝试尽量和邻居一样。你可能会想：他们讨论的都是消费而不是储蓄。实际上，储蓄是消费的反义词，消费越多意味着储蓄越少，除非你的邻居刚中了彩票，你才想多加班买辆一样的车。就我个人而言，我喜欢有耐性的邻居，这些邻居可以让我变得更加节俭，例如等一两年后才翻新自己的车道。节俭的邻居很重要。

当世界越来越扁平化，节俭主宰世界

　　到目前为止，我一直遵循拉姆齐的原则：如果你的国家储蓄越多，你的国家将建立一个更大的资本市场。但银行不会贷款给其他国家吗？一些亚洲、欧洲银行不会为美国人提供房贷以期跑赢全球经济衰退吗？我们不是活在一个"热钱"的世界中吗？国际投资银行和数十亿元的人民币、欧元不仅仅是一个按钮的事情吗？难道我们可以无视这些国际资金流吗？

　　无视国际资金流的理由之一，至少首先是当你把流入资金和流出资金进行合计，国家储蓄率可以计算出该国在机器、设备上投资了多少。换句话说，国家储蓄和国家的机器、设备和房产的投入相当。此外，两者关系非常密切，也就是国际经济学中的费尔德斯坦-霍里奥卡（Feldstein-Horioka）之谜。经济学家费尔德斯坦（Feldstein）与霍里奥卡（Horioka）发现高储蓄国家倾向于高投资，就算最简单的经济模型也可以看出存款需要在全球范围内找到高回报的投资方式。那么，节俭国家的投资机会有多少呢？

国际经济学家认为非常少。所以，1980 年诞生的费尔德斯坦–霍里奥卡之谜为此培育了很多种解释。大部分的解释都涉及金融市场的瑕疵，很多资金都被留在本国内消失殆尽。高储蓄率的国家，即耐性程度高的国家，国内投资量更大。所以费尔德斯坦–霍里奥卡之谜中"国内储蓄等于国内投资"的论点不是我们思考的终点，而是起点。

我倾向于认为，费尔德斯坦–霍里奥卡之谜的部分原因是投资项目需要国内资金启动。所以，哪怕一家有钱的跨国企业想在某个贫困、低储蓄国家筹建一个新矿项目，他们也会在当地寻求帮助，以便少走弯路、多积累人脉资源和更容易招聘，他们倾向于信任那些参与投资本项目的当地人。本地人的投资空间越大，跨国公司越容易找到可信赖、肯下功夫的合伙人，那么，国内储蓄就意味着更多的跨国投资。

最终结果是这样的，高储蓄国家倾向于在机器、工厂、电脑及软件上投入更多，这些都会带来更高的生产率，所以国家产出将会提高。储蓄带来投资、生产率和收入。由于高智商意味着高储蓄率，所以最后的产出是这样的，有形资产丰富的国家，人力资本同样丰富。

费尔德斯坦–霍里奥卡之谜目前真实有效，同时我们也需要注意到，不管目前是什么样的壁垒造成了资本的全球化，未来这一壁垒将越来越小。只要大部分国家持续整合资源、平均政府质量持续提高、国际储蓄流动更加简便，费尔德斯坦–霍里奥卡之谜将日渐式微。最后，费尔德斯坦–霍里奥卡之谜将不复存在，节俭主宰世界。

耐性是种美德

经济学家总是很幽默。当哈佛大学的罗伯特·巴罗（Robert Barro）及哥伦比亚大学的哈维尔·萨拉伊马丁（Xavier Sala-iMartin）合著他们的教科书《经济增长》时，他们在封面放置了萨尔瓦多·达利（Salvador Dali）的油画：溶化扭曲的树木、时钟、山丘。这是很疯狂的行为，一如经济学家的思想。

溶化的时钟非常贴近本章的主题。对于有耐性的人来说，时间就是溶化掉的，他们对未来的感知和现在是差不多的。而对于没有耐性的人来说，思考未来显得不太可能，他们更加信奉"今朝有酒今朝醉"的人生观，对明天的思考极少。这两种看待时间的态度可以总结巴罗及萨拉伊马丁关于资本自由来往的世界的耐性的说法。

让我们花点时间先看看他们的模型、寓言和极端案例。它先借用了拉姆齐的基础模型：储蓄等于投资，等于经济增长；放大到全世界，资本会在全球自由流动到最赚钱的地方。如果储蓄可自由流动到利润最高的地方，而人们又可以方便地自由借贷（如在国内抵押房产后在日本一家银行贷款），长期来看最可能的结果是：最具耐性的国家成为最后的赢家。这个国家将拥有全球所有的固定设备、股票、政府债券及抵押物等所有一切特权。那么其他国家呢？最后，他们将为有耐性的国家打工还债。他们把自己的未来抵押给了现在的高标准生活，而这些贷款都来自最具耐性的国家。

让我们看看这一切是怎么发生的。没有耐性的国家（我们称为急躁国家）非常乐意借贷，打个比方，年利率是 3 分，他们觉得傻子才不借钱，他们宁愿最大限额地借贷。如果年利率是 6 ~ 7 分呢？他们觉得还不错，或者可以抵押掉 1/3 未来进行借款。其实，就是这些低利率，让急躁的人们入不敷出。

最后，有耐性的国家（我们称为耐性国家）会拧紧放贷的水龙头。为什么？因为他们有盘账，一旦发现急躁的人无力偿还，他们将不再提供借款。放贷的目标是在日后某个时间获得回报，所以放贷者自然紧盯着借贷者的经济状况。最后，借贷者开始为自己的行为买单，为自己提前消费带来的利息永远地买单。而这些利息又将回到有耐性国家手中。你可能会认为，"巴罗及萨拉伊马丁讨论的金钱，不是真实的商品与服务"。这个想法有点道理，但现实世界的商品与服务就是这么运作的。在借款时间内，耐性国家无限地出口汽车、电影、服装到急躁国家，但当借款停止，商品开始反向流动，由急躁国家向耐性国家出口。这也是耐性国家愿意放款的原因，他们总要得到回报，对吧？节俭的人将主宰世界，他们开始享受。

巴罗及萨拉伊马丁用优雅的数学方式讲述了一个极端的案例。其实它非常简单，我们可以通过朋友的案例看到国家的命运：急躁的人往往在中青年时期借了太多的钱进行消费，当他们年老时财富所剩无几，一大堆的信用卡债务让抵押物荡然无存，他们的晚年将非常凄惨，只能吃波伦亚三明治度日，并蹭邻居的 WiFi 上网。

当然，在真实的世界中，很难有某个国家拥有全世界所有的财富。但可以预见，有耐性的国家在全球的投资中所占份额很大。另外，很明显，不是任何东西都可以抵押，所以有耐性的国家只对有偿还能力的国家放贷。国际上现金流的自由程序依然备受争议：很多人持有的股票债券只能在本国流通，即所谓的"本国偏见"。经济领域里的全球化进程似乎有点慢，这意味着我们不能预期真实的世界与数据完全吻合，但至少我们可以预期耐性国家比急躁国家有更多的海外投资。

那么数据是否支持这一理论呢？通过经济学家菲利普·雷恩（Philip Lane）、吉安·玛丽亚·米莱西–弗莱提（Gian Maria Milesi-Ferretti）的数据收集项目显示，在所有对外投资类型里，高平均智商国家的占比最大。外国财富作为国家收入的一部分，也是高分国家才拥有更多。尤其从 20 世纪 70 年代起，世界资本流动更加自由后，该趋势越发明显。高分国家拥有更多外国投资：更多外国股票、债券、现金。他们有着全球更多的财富。在研究过程中我发现，并不是因为高分国家已经拥有开明的政府和很高的收入，而是他们一直善于积累未来的财富。由于该趋势从 20世纪 70 年代开始越来越强，我们似乎正朝着巴罗及萨拉伊马丁方程的方向前行，最有耐性的国家将统治这个星球。

那么哪个国家才是这个世界的继承者？2010 年国会预算办公室两名经济学家指出：

> "众所周知，东亚一些国家和地区，日本、韩国、中国台湾、中国、中国香港和新加坡的储蓄率平均比其他国家和地区高……有分析认为是东亚文化造成的，也有分析认为是国家政策刺激资本增长使然，即刺激工业而非消费。"

经济学家洪（Hung）和钱（Qian）尝试用典型的经济现象（如经济腾飞、人口年轻及快速城镇化等）来解释中国的高储蓄率，尽管如此，依然无法深入解释节俭的问题。作者们所宣称的"东亚国家"效应，虽然在统计学意义上没有明确成立，但统计结果已经足够可以让作者思考为什么东亚国家有那么高的储蓄率。最后，他们总结道：

> "我们的结果显示，一些东亚经济体的共同因素促进了中国的高储蓄率，这些因素大部分是东亚经济体促进高储蓄率战略政策因素。尽管如此，我们还是应该关注这些复杂的因素……"

虽然无数迷人的因素造就了今天东亚的经济奇迹，但我还是要列出值得我们关注的内容：社会科学中不断提及的智商分数与耐性之间的关系。只要东亚国家的智商分数在世界前列，其必然持续积累财富，为其他国家提供投资资金。

巨额债务引发斗争

借贷对经济的好处不言而喻：如果你已经有前景很好的项目，有个节俭的邻居可以提供低息贷款是最好不过的事情。关于经济和政治的长期效应值得我们好好思考，因为它们是 21 世纪的主宰。首先，让我们忽略政治因素，只考虑两个简单的经济体——耐性与急躁的国家。正如你父辈的教导一样，要耐性不要急躁。急躁国家的孩子们在成人后可能很失望，因为他们发现可能未来国家税收的 1/3 需要用来支付国外贷款的利息，而父辈没有任何遗产传承，甚至他们的房子已经抵押掉了，退休金也已经花完了。不难预计，这些高负债国家可能会违约，而债权国也能预计到违约的发生，所以耐性国家会在违约发生前收回自己的贷款。

耐性国家将必然使用各种创新手段确保能正常收回贷款，如全球现金流的控制及军事入侵等。这些手段一般都是丑陋的，甚至是恐怖的。正如罗马作家所言，"小型债务产生的是债权人，大型债务产生的是敌人"。

正因为如此，我们才要关注国际债务政治的一面。我和同事们有时玩一个叫《帝国》（Imperial）的桌面游戏，一个全局策略游戏，有点像《大战役》（Risk）。但有一点区别：后者是直接控制国家，前者是扮演投资银行家，拥有不同国家的债务。如果你对某个国家的债务超过了其他人，你可以控制这个国家。这种控制是隐蔽的，这也让游戏更加有趣。关于债务人的实力描述可参见 2009 年的一期《周六夜现场》节目：美国总统"奥巴马"会见中国总理"温家宝"，"温总理"不断地"教导""奥巴马"如何运营国家，"奥巴马"唯有连连点头称是，因为中国是美国的最大债权国——你必须听从你的债主。

现实世界也是如此吗？债务国总是对债权国言听计从吗？当然如此，尤其他们想再借钱的时候。这包含一个非常重要的警告：如果确认不再向某国借款，而且基本可以确定对方不会派出舰艇部队也不会派出诉讼团，最好的选择就是违约。这样做的话，你的良心可能会受到谴责，但几杯下肚就舒服多了。当你酒醒以后，你会发现多了很多现金。我经常提醒我的学生：一般国家不会强迫别的国家还债。所以欠债的国家话语权更大。如果债务国决定还款，只能因为它想获得更高的信用和更多的尊重。

债务是种承诺

高智商国家、低智商国家及中间国家都希望增加大量国际债务，因为他们都认为这是未来经济发展的保障。这听起来有点荒诞，但企业总是这么做的。经济学家迈克尔·詹森（Michael Jensen）就该主题发表了一篇诺贝尔奖级别的论文。他认为，企业最大的问题是持股人不信任 CEO 们：贪婪的持股人只关注公司利润而 CEO 们只关心他们的薪水和工作强度。持股人希望公司永远高利润地运作下去，但 CEO 和他的下属们只会在年报里写道，"我们尽力做到高利润但目前还不行，让我们期待明年在一个更漂亮的城市召开的股东大会吧"。然而持股人又必须依赖 CEO 和他的下属。

那么，持股人是如何确保 CEO 们能尽力最大化企业利润呢？

最好的办法就是借贷。这样,CEO 们为了每个月正常还贷就必须想方设法赚取更大、更稳定的收入。因为他们对心中的"神"充满恐惧感:如果公司失去任何一笔利润都有可能破产,而他们也将遭遇灭顶之灾,包括失业和名誉破产。这就是持股人想要的恐惧感。持股人使用债务的压力让 CEO 追求更大的利润、更高的生产率,保证高收入和低支出。

同样的故事也可以发生在国家政府层面上,哪怕是一种意外。因为国外债权者的存在,政府必须认真对待经济问题,确保持续的发展。有点类似《周六夜现场》节目一样,债务国可能会顺应债权国的要求改变经济政策,以期获得更多的贷款。如果你的国家准备借贷,最好选择那些可以提供优秀经济政策建议的国家。

正如我们之前提到的一样,智商不仅仅与耐性有关,还与市场化态度相关,所以向高分国家借贷意味着本国可以获得市场化的指引。所以,大量借贷可让急躁国家得到善于构建经济政策国家的帮助。我们应该时刻谨记这一可能的副作用。

智商、耐性与合作

在实验环境中，智商测试优秀者一般更具有耐性，而根据拉姆齐的"储蓄的数学理论"，更大耐性意味着更多储蓄。如果你相信上述关系链条的存在，那么你应该把他们连接起来。如果审视国家之间的区别，你会发现高分国家拥有更高的储蓄率并获取了世界更多的财富。到目前为止，上述因素仍紧密联系。

耐性不代表把钱放进银行，而意味着思考未来的各种可能性。这就意味着耐性的人比急躁的人目光更加长远。想象一下两种社会体系：一种是始终视未来为不确定的风险，另一种只活在当下。哪种社会将拥有更多尊重熟客的餐厅呢？哪种社会的政客更少腐败呢（因为他们总担心将来某天被逮到）？

CHAPTER 05

更聪明的团队
更具协作精神

Hive Mind

How Your Nation's IQ Matters
So Much More Than Your Own

从之前的互动中看清对方，并记住其相关的特点，是维系合作不可或缺的。

——罗伯特·阿克塞尔罗德《合作的进化》

(*The Evolution of Cooperation*)

我们人类是社会性的生物：我们互相依赖，以期可以把事情做得更好。不管是制造一辆汽车，经营一段幸福的婚姻，或是举办教堂的百乐餐，生活中的各种大成功，均离不开我们与别人的合作。但是，合作并不是一件容易的事。经济学教授保罗·西布赖特（Paul Seabright）在他那本有名的著作《陌生人的公司》中说过这一点：

"自然界再无其他地方能像人类一样，如此多毫不相干的相同物种——出于本能和历史原因而相互争斗的基因对手——在如此复杂和要求如此之高的信任度的项目上一起合作。"

为什么合作如此困难？因为合作通常有违于你的最佳利益选择。例如你要参加一个百乐餐，聪明的做法是你只带一袋简单的薯条去，而分享其他人带来的丰盛菜肴。也许在去之前你会想，"如果每个人都这么做，那么我们的百乐餐就有二十袋薯条了"。的确如此，但是你无法决定其他十九个人是带薯条还是带菜肴，那么为何不做最有利于自己的选择呢——带薯条！

这就是著名的"囚徒困境"的例子，指个人的贪念导致糟糕的团队结果。囚徒困境无处不在，并且跟亚当·斯密那著名的"看不见的手"理论——个人的贪念导致积极的团队结果——正好相反。"囚徒困境"与"看不见的手"共同存在。有时候，正如戈登·盖柯在电影《华尔街》里所说的，"贪心好事"，有时候贪欲能够创造奇迹。在本章及下一章，我们来探讨一下贪欲如何创造奇迹，以及一个智商更高的团队如何会稍微更容易找到协作的方法、也稍易于规避"囚徒困境"。

真正的囚徒困境

首先，我们来看看这个名词的来源——贪念导致不好结果的经典经济学范例。你和同伙抢了银行，数小时后你们都被捕了，并且被单独关到不同的审讯室。警察告诉你，如果你和警方合作，指证你的同伙，而他却保持沉默的话，你就可以获释，而他将入狱十年。反过来也一样，如果他招供，你沉默，他会获释而你将入狱十年。如果你们都招供了，将会有充分的证据让你们均被判五年。但是，如果你们都保持沉默，警察只能因持有枪械控告你们入狱一年。

那么，你该如何做出理性的选择呢？如果你认为同伙会招供，你将面临两个选择：你保持沉默则十年牢狱，你也坦白则五年牢狱。五年比十年短暂，所以你应该告发你的同伙。如果你觉得同伙对你很忠诚，会缄口不言，那么你可以告发他然后获得自由，或者你守口如瓶而只需入狱一年。不用坐牢好过入狱一年，所以你不能保持沉默。因此，无论你觉得同伙会怎么做，出于理性和私心，你都应该招供。很容易对吗？但别忘了，你的同伙也面临同样的情况，也会有同样的选择，你们都将招供、然后都将被判五年，结果很残酷。

我们回到前面说的教堂百乐餐问题，其本质上跟"囚徒困境"是一样的。不管其他人怎么做，我该做的是使我的利益最大化。

那么我们再来看看：如果每个人都只想着自己利益的最大化，我们最终将得到糟糕的结果。学生和公司职员看待团队项目时也是如此：他们都寄望于别人会努力。他们都知道任务艰巨，并且任何个人的努力对最终结果都不会有太大的改变。当人们在面临选择、每个人的牺牲只是让别人得益的时候，你就遇到了"囚徒困境"。这样的情况在现代生活中很普遍，不是吗？我们再来看看两个政治学的例子。一个政客将政府资金用于他的支持者：如何可以更理性？或者一个政客频繁曝光于有线新闻中，致力于在全国人民面前建立一个激进的改革分子的形象，而不是默默地支持一项可能要发生的务实改革。两个例子都是个人利益驱动的结果。追求个人利益、哪怕不利于社会，正是导致一个原本可以公平公正的政治结果扑朔迷离的原因。短视地追求个人利益自然导致糟糕的结果，我们能看到好的政治事件结果的话真是个奇迹。

关于大部分政治上的暗示，我将留到下一章再讨论。现在我们来看看，一对夫妻在忠贞问题上如何选择。注意，我将它看成团队决策——"一对夫妻"是一个团队。但是，团队本身不会进行决策，个人才会。我们传统一点，将这对夫妻看成异性夫妻，因为这样接下来我们的人称代词不容易混淆。男方在试图决定他要忠诚还是背叛，同样地，女方也面临同样的抉择。现在，我们将它看成是一生一次的选择：将是否选择背叛作为一种生活态度。对男方来说，最好的结果是自己可以出轨而妻子却忠于自己。反过来，女方的最好结果是，自己可以时而在外放纵一下，而丈夫却每晚待在家里打游戏。现在我们看看，如果丈夫认为妻子会选择背叛呢？首先，妻子忠诚而自己出轨对他来说是一个好的选择；而如果妻子到处勾引异性、就像歌曲里的负心人一样，出轨对男方来说是一个更好的选择。因此无论妻子是否忠贞不渝，对男方来说最好的选择就是出轨——我们又回到了"囚徒困境"。

在是否对配偶忠贞不渝这个一生一次的问题的选择上，最好的策略明显是"出轨"。然而在实际生活中，出轨并没有那么常见。在发达国家，大部分的已婚夫妇都只有彼此一个伴侣——也许一半的夫妇在一起厮守数十年后会出轨。但那也意味着半数的婚姻是忠诚的——甚至就算是出现外遇，那也只是短暂的，事实远远不像你认为"囚徒困境"所显示的那样，每个人都应该出轨。

出轨之所以没那么常见，可能部分原因是由于离婚成本太高，又或者很多人寻求外遇但找不到合适的对象。然而，我们也可以看到婚姻里大量的相互合作，可以看到很多人帮外出度假的邻居收取信件，可以看到很多人会将美味的炖菜带到教堂的百乐餐去——都没有人强迫他们这样做。为什么会这样呢？一个经典的解释就是，生活就是经济学家所说的重复博弈。当相同的两个人重复"囚徒困境"博弈多次之后，无论是在大学的实验室，还是在国会大厅，神奇的事情发生了：博弈者通常学会了合作。虽然不是绝对的，也不一定都有用，但很多人确实决定采用"一报还一报"的态度并"冒险"去相信别人，比如这周将炖菜带过去，今年继续保持忠诚。有时候往往就奏效了。

选择相信别人并不代表天真，信任也可以很精明。因为如果你知道你将和同样的人每周（在教堂的百乐餐上）或者每年（在年度销售会议上）都要进行一次"囚徒困境"博弈的话，那么这个游戏看上去就会很不同了。就这样，你和你的同伴突然有机会惩罚对方了：如果这次你对我很苛刻，下一次我也可以对你很刻薄。你付出了，所以你收获，如同我们平时所说的"礼尚往来"。因此，你洗碗，我倒垃圾；如果你不洗碗，我就让垃圾堆积成山；如果你肯洗碗了，我就迅速将垃圾清走。这种默契的合作随处可见，无论是在个人的人际关系中、工作关系中，还是在社区里，并且我们都很心安理得。很多时候，我们行善是因为周围的每个人让行善变成自然而然的事。

在博弈论的领域里，经济学家很早就发现，如果你将单次的"囚徒困境"博弈变成重复博弈的话，可能自私的玩家就会理性地相互合作了，这并不是出于慷慨，而纯粹是为了个人利益。这一结果——重复能把柠檬变成柠檬水——就是人们所知的"无名氏定理"。因为人们一旦开始认真思考，那样的结果是很自然而然的，没有一个经济学家将这一定理归功于自己。

学者、政治学家罗伯特·阿克塞尔罗德（Robert Axelrod）在此研究的基础上向前推进了一步。他看到重复的"囚徒困境"在政治、社会中随处可见，并且他认为如果他能找到促使人们相互合作的办法而不是放任他们相互背叛，他就能让这个世界变得更加和平。听起来好像有点天真——但事实并非如此。阿克塞尔罗德的研究成果，概括在他那本杰出的著作《合作的进化》里，一直被和平谈判人士、劳工纠纷调解员以及核武器裁减专家广泛引用[3]。他的研究已经让这个世界变得更美好、更安全。而这一切，源自他决定用心去对待囚徒困境重复博弈，以至于他决定要组织很多社会学家一起来玩一些游戏。

阿克塞尔罗德组织了一场竞赛，不是在真实生活中，而是通过 20 世纪 70 年代的计算机来实现。他邀请了社会学家、数学家以及其他志愿者提交一份简单的电脑程序，对两人的"囚徒困境"重复博弈中一位电子玩家提出指令。谁的程序在与其他程序的竞争中取得最高的分数，他就会赢得这场比赛。最高分数自然是当别人合作的时候而你却选择背叛。当双方相互合作的时候你会取得好的结果，但不如你欺骗对手的时候那么好。

数十名研究人员为这场比赛提交了数十份电脑程序。如你所料，有些电脑程序相当复杂，企图欺骗另一电子玩家与自己合作，以便使参赛者至少能够在比赛的几回合里利用对方为己谋利。然而，不是每一个程序都那么复杂。实际上，有一个程序遵循了可能是最简单的准则"总是与对方合作"。到底是哪个电脑程序——哪种策略——最终赢得了整个比赛呢？就是我前面提到的："一报还一报"。

它是这样发挥作用的：在第一回合，我合作。在这之后，我就只会像你上一回合所做的那样。如果你合作了，我也会继续选择合作——我会投桃报李。但如果你背叛了我，我也会以牙还牙。如果你又合作了，我会忘记你的不忠，又重新跟你合作。这个简单的策略能够奏效有很多原因，但最重要的有三点：第一，它开启了无休止的合作以及善善相报的大门，就像大部分幸福、忠贞的婚姻那样。然而第二，它却没有留给你无休止欺骗的可能。不像一些可能你所知的长期忍气吞声的配偶一样，信奉"一报还一报"的玩家会快速、聪明地惩罚背叛他的行为。第三，只要善行一回来，惩罚就结束了。如果你的对手改正了他的行为，你就会忘记他的过失并原谅他。怨恨是小气的表现。

"一报还一报"，右手张开相迎，左手紧握武器。在信奉"一报还一报"的社会里，人们总是会与他人合作，不是他们惯于逆来顺受、或者过于天真，而是他们都懂得任何欺骗都可能立即遭到惩罚。因此，"一报还一报"是一个好的策略，一个值得下次你和邻居争论谁该维修受损的围栏时考虑的策略。但阿克塞尔罗德不甘局限于一个好的电脑程式，他想做得更多：他试图总结出为何"一报还一报"及其他类似策略能够如此有效的本质，以教育世人。他提出了几点原则，来促进"囚徒困境"重复博弈中的合作行为。其中三点尤为重要：这里把它概括为 3 个 P(三个英文单词的首字母)。玩家应该：

1. 有耐心：关注合作的长期利益——不要只是着眼于短期的、不管是利用还是惩罚别人的快乐。阿克塞尔罗德把这称为"延长未来的阴影"。

2. 友善：始于友善——笑要露齿。然后在接下来的博弈里，你可以采用"一报还一报"的方法，另外也要不时地尝试合作，即便事情已向相反的方向发展了一段时间。

3. 有洞察力：知道自己在做什么，了解游戏规则，并且清楚合作的收益和代价。

以上三点我认为智商更高的人会做得更好。更高智商的玩家倾向于遵守第三点"有洞察力"是最明显的:正如科幻小说家罗伯特海因莱因（Robert Heinlein）所说的那样，更高智商的人更可能领悟其中的主旨。正如我们在第 1 章结尾部分看到的那样，平均来说拥有更高智商水平的人更易领悟社交游戏的规则，他们的社会智商更高。而且，如我们在上一章看到的那样，智商水平也可以推测一个人是否耐心。那些能分辨出瑞文标准推理测验里正确图案的人一般目光较为长远。因而在"囚徒困境"重复博弈里，他们更倾向着眼于长期合作的回报，而不是贪图惩罚或利用他人的一时之快。

我最后一个主张是认为更高智商的人比大部分其他人都友

善——至少在类似于囚徒困境重复博弈的环境里是如此。事实真的如此吗？你可能会认为智商更高的人在很多情况下更有心机——他们更会想出办法来利用他人为自己谋利。可能在某些情况下确实如此，但是有人做了三个有趣的实验来证明高智商的人是如何的慷慨。

经济学家阿尔多·鲁斯蒂奇尼（Aldo Rustichini）和他的同伴曾给一千名卡车驾校的学生进行了智商测试，然后再让他们玩一个信任游戏。一个典型的信任游戏——是由我在乔治梅森大学的同僚凯文麦凯布以及他的合作者一起发明的——具体是这样的：每个游戏只有两名玩家，他们每个人都要做一个选择。他们都看不到对方，永远不知道对方是谁，多数情况下，他们面对的只是一个电脑终端而已。首先，玩家一以五美金开始，然后他要决定给玩家二多少钱（如果有），自己留多少。给出去的钱，会神奇地变成原来的三倍数。比如玩家一给出两美金，玩家二就得到六美元。现在，玩家二需要决定他要返还多少钱给玩家一，他可以一分也不返给玩家一，自己保留全部的六美元；他可以返还全部的六美元，自己一分也不留，他自己可以自由决定返还及保留的金额。自从麦凯布及其合作者们发明了这一实验后，已经进行过许多次，结果表明：大部分玩家返还的金额，大抵与玩家一给出的金额相等。换言之，一般来说，他们都值得信赖，但并非慷慨无私。

大部分人关心的是"谁知恩图报？谁值得信任"，但在这里我们关心的不是玩家二，而是玩家一。谁更容易受骗？是谁在没有正式合约、甚至连对方是谁都不知道的情况下仍然要冒险将钱给出？我们是否会认为智商水平低的人将钱给出后会天真地以为玩家二能慷慨大方地回报呢？我们是否会认为智商更高的玩家一会觉得玩家二会居心不良呢？万事皆有可能，但是，鲁斯蒂奇尼发现，事实上情况刚好相反，卡车驾校里那些智商更高的学生比他们智商水平较低的同学给出的钱更多。因而，更聪明的玩家更容易从一开始就表现得友善。这一结果——智商水平能反映出人的慷慨或善意程度——也得到了来自德国一份关于团队合作的研成果的支持：玩家每个人都会分得几欧元，然后他们每人都要决定拿出多少来作为筹码。如果最终的筹码大于某个数额，比如 10 欧元，筹码将会自动翻倍，然后平均分回给每个人。如果达不到这个金额，这些筹码就会蒸发掉，他们将得不到任何数额的钱，除了还握在自己手里的那些。结果表明，智商更高的人会拿出更多的钱作为筹码。他们这么做，也许是出于对别人的善意，也许是因为他们算过这样更容易使总金额超过 10 欧元，我们无法分辨他们的真正动机。但不管怎样，智商更高的玩家拿出更多的钱，而且他们此举也帮助了团队里的每一个人，他们因此更快乐。

作为边注，鲁斯蒂奇尼的卡车驾校学生的实验也关注了玩家二的表现：他们想了解智商更高的玩家是更值得信赖，还是表现得甚至低于平均水平。研究发现，相比于一般玩家，智商更高的玩家更容易会一报还一报。换句话说，智商更高的玩家更可能会以善报善，以恶报恶。这意味着，在这个实验里，智商更高的玩家就是践行者，当涉及金钱的问题时他们践行了互惠互利的原则。

布朗大学的经济学家刘易斯·帕特曼（Louis Putterman）和他的合作者找到了更多的证据表明智商更高的个人更可能从一开始就表现得友善，一开始就表现为一个慷慨的团队成员。在这个我们熟知的公共利益游戏里，玩家必须独自决定要拿出多少自己的钱放到公共筹码盒里，筹码盒里的钱最终会翻倍或者变为原来的三倍，然后平分给所有组员。当你把钱拿出来时，你就直接贡献于公共利益。这一游戏在同一组成员里反复进行，因此玩家们得以相互学习，找出一条互相合作的途径。

布朗大学——这个常春藤名校，可以想象在这里几乎所有的学生都得以在最优质的环境里成长，当这个实验在这里进行的时候，人们以为似乎智商分数的不同与实验结果是没有关联的。但事实上，帕特曼的实验发现，智商水平至关重要。他和他的合作者发现，智商更高的布朗大学学生在实验开始的几轮会拿出更多的钱到公共筹码盒里：智商更高的学生开始时更友善。这是聪明的做法，因为开始时拿出来的钱能带给别的玩家友善、协作的信号。当实验进行到另一阶段、学生们可以投票选出一个方法惩罚贡献少的玩家时，情况就不再如此了。智商更高的学生更可能投票选出一条规则来惩罚不合作者，因此，智商更高的学生更友善，但绝不是天真。

智商是读懂别人内心的方法

因此，智商测试分数更高的人更易于做到囚徒困境重复博弈里的三个 P。但智商更高的人其社会表现又如何呢？实验室里的良好表现毕竟并不等同于在真实世界里的社交行为。既然调查发现智商水平能预示一个人的社交智能，进行具体的测试以了解其社会洞察力将很有必要。经济学家大卫·塞萨瑞尼（David Cesarini）及其合作者的一项测试阐释了智商更高的人理解他人内心想法的能力。在大家所知的凯恩斯选美竞赛游戏里，所有的玩家都将从0至100里选取一个数。哪个玩家所猜的数字，比如说与所有组员所猜的数字平均值的一半最接近，就将获胜。如果平局，那么就所有猜的同样接近的玩家将平分奖励。所以，如果几乎所有人都猜50，只有一个人猜30，那么就是后者胜。如果所有玩家都非常理性，而且游戏里的每一个人都同样理性，他们就会知道必赢的答案是唯一一个自身与自身的一半相等的数字：0!

然而，人们没有那么理性，而且——好的一面是——更理性的人更可能知道大部分人是如何的不理性。因此当较弱的玩家随意选取一个数字——猜测着大家的平均值可能是50或者稍低一点——技巧更高的玩家可能意识到整个组既有聪明绝顶的人，也有平庸之辈，因此他们选一个低于50较多的数字。然而，智商更高的玩家是否会误会其他玩家也像自己一样聪明呢？或者他们是否会错误估计形势，傻傻地选0作为正确答案呢？瑞典人塞萨里尼和他的合作者在他们的研究里发现，智商最高的玩家选取的数字会偏小但又不会太小，的确，他们给出的答案与标准答案总是惊人的接近。通过对比，智商低的玩家给出的答案总是差得太远。智商不单能说明个人的理性程度，也能说明其洞察别人内心的能力。而且，后来的一份不同的智商测试的研究也得出了同样的结论。

总的来说，智商测试的分数说明了洞察别人内心想法的能力。也许你会觉得奇怪：为什么叫凯恩斯选美竞赛呢？它是由传奇经济学家约翰·梅纳德·凯恩斯（John Maynard Keynes）在一个故事中提出来的。一份英国的报纸刊登出选美佳丽的照片，并提出了有奖竞猜：谁选中的照片是最多人选的，就将赢得竞猜。所以一开始以为"不就是选个最漂亮的吗"，然而你真正的目标却是"选出我认为大家最可能选的"。凯恩斯认为这个例子是对股票市场很好的隐喻：一开始你以为投资那些有着很好发展前景的公司是明智的选择，凯恩斯却认为实质是你应该买进那些很快大家都将争相买入的公司。凯恩斯认为读懂大众心理需要一种苛刻的认知技能：读懂他人内心的技能。

高 SAT 分数学校与合作

阿克塞尔罗德指出合作的三个要素——耐心，友善以及洞察力——我们已经看到在实验中高智商的人群更倾向遵守这三点。然而，如果我们能看到更高智商的人群在真实的囚徒困境重复博弈中更容易相互合作的例子，是不是更有说服力呢？早在 2004 年，当我开始思考重复博弈、智商以及生产力三者之间的联系时，我就是那样想的。我开始翻阅有关囚徒困境重复博弈的大量文献，试图找出是否有人在某个地方进行过重复博弈游戏并且对玩家进行过智商测试——或者取得玩家的 SAT 分数。但是，我几乎一无所获。

但我最终还是找到了一个例子：有一个研究让双胞胎进行囚徒困境博弈一百个回合，然后发现智商更高的双胞胎较智商更低的双胞胎合作得更多。这是更高智商的人群更会选择合作的一个真实例子。但是，由于对手都是他们自己的兄弟姐妹，因此我并不情愿将这一结论延伸到普罗大众中去。

由于当时我并没有条件开展自己的实验，我转而开始收集有关美国不同的大学中进行的许多囚徒困境重复博弈实验的学术文章。我的计划很简单，记录每个实验中的平均合作概率以及其他的一些实验特征——参与者是否是为了钱，博弈重复了多少回合以及这间大学是公立或私立等。然后，记录该学校在 20 世纪 60 年代、70 年代早期（大多数实验都是在这段时期进行的，而当时还很少有学校做 SAT 平均分的纪录）和如今（有更多相关数据对外公布）的 SAT 平均分。

那么结果如何呢？SAT 平均分较高学校的学生比平均分较低学校的学生合作得更多。其中的关系介于适度和强烈之间，而且到如今仍然如此，尽管算不上非常强烈，当你考虑到一些学校是私立的（小班教学并且学生们都相互认识），还有一些学校是用真金白银而不是用假的分数来进行博弈的。多年以后，我重新修正并收集了更多实验的数据并且确认了我的发现：一般来说，更聪明的人群的确更具有协作精神。

当然，也许是高 SAT 分数学校的某种特质、而不是学生的认知技能，使得他们想要合作。也许在名校里有强烈的校园文化（如果果真如此，这可能说明拥有高认知技能的人群更易建立更加紧密联系的文化——这个可能性值得探讨）。又或者低 SAT 分数学校的教授们使得囚徒困境实验在某种程度上更难以衡量。我注意到，在原来的文献中，那些关注于不同大学合作概率的研究只能提供"表面"的证据说明团队的测试分数跟团队合作的关系。如果自己能亲自组织一场实验、让一些大学生参与囚徒困境重复博弈，然后再对他们进行智商测试，亲身经历会发生什么，这将是一件很好的事情。

　　这就是接下来我要做的事情，并得到了我同事奥马尔·阿尤贝利和雅普·威尔的帮助。他们都是实验经济学家——都真的掏出钱来给大学生以让他们参加精心设计的实验。在我们的实验中，我们让学生每八个人一组，然后随机将他们两两配对，让他们在电脑上进行一场十回合的囚徒困境重复博弈。他们永远不知道自己的对手是谁，但是他们的确知道自己在进行一场十回合的游戏。然而，他们并不知道自己玩的是什么游戏。在实验中，你并不会告诉那些学生，"选择一是合作，选择二是欺骗，你们更喜欢哪一个？"他们会如何选择呢？正如你所知道的囚徒困境重复博弈三要素一样：平均智商较高的玩家组更可能会合作——组别的平均智商水平每增加 15%，他们双方的合作概率就将增加 11%。更聪明的组别总会找到办法使合作得以实现。

下一个问题是他们为什么要合作？他们是如何做到的？在我们十回合的游戏里，我们发现第二回合比较特别：在该回合里，智商更高的玩家明显会关注他们的对手在第一回合里的做法，然后采取针锋相对的做法。如果他们的对手合作了，智商更高的玩家比智商较低的玩家更可能会回报以合作。因此在第二回合，智商更高的玩家更可能会遵守互惠的准则，他们就像"有条件的合作者"。在合作实验的世界里，有条件的合作者、那些只会因为其他人表现得友善才会表现得友善的玩家，是建立合作团队的一个主要因素。

雅普、奥马尔和我的发现与前文卡车驾校的研究发现相类似。在两个研究中都发现，智商更高的玩家易于对最近对他们很大方的人更友善、更慷慨。互惠原则在解析人类行为中是如此的重要，在第 1 章中提到过的、长时间研究过人类起源的经济学家塞缪尔·鲍尔斯和赫伯特·金迪斯，有时候不将人类称为智人（Homo sapiens）——有认知有智慧的人——而是称之为感恩人（homo reciprocans）——会感恩报恩的人。并且在各种实验中，结果发现有着更高测试分数的人更有可能懂得感恩回报他人。

雅普、奥马尔和我的实验中，最激动人心的发现是：平均来说，在整个实验过程中，智商更高的组别比智商更高的个人合作的概率大五倍。智商与合作的联系是一个突发现象，它不是由聪明的个人玩家，而是聪明的玩家组归纳出来的。

最近，阿尔多·鲁斯蒂奇尼和他的合作者进行了他们自己的囚徒困境重复博弈游戏，并且证实了我们的发现。像我们一样，他们对所有玩家进行了瑞文的标准推理测试。与我们的研究不同的是，他们的游戏是随机停止的，由抛硬币来决定，因此玩家永远不知道哪一回合是最后的回合。这样有助于保持未来的阴影，能诱使人变得友善，因为你今天的行为会决定你将来的声誉。鲁斯蒂奇尼的研究发现正如文档的标题所说，"在囚徒困境重复博弈里，智商更高的组别合作的概率更高"。可能智商与合作之间的联系对你来说并不惊奇：这些实验只是一场游戏，智商测试也是游戏，擅长某种游戏的玩家通常其他游戏也玩得很好。然而，人生也不过是一场游戏。

其他旨在探究智商与实验结果关注的类似实验，既有模范的博弈论实验，也有松散的谈判游戏。谈判游戏——流行于商学院——两个玩家假装就工程项目、产品交付期或一些复杂事务和生意交易等的细节进行谈判。在前言中我谈到过一个这样的实验。实验结束后，实验者可以看看，那些 SAT 或 GRE 分数更高的学生是否分得更大的一块蛋糕？那些平均分更高的玩家组是否更倾向于共同将蛋糕做大？最显著的结果是总体上高的组别测试分数预示着更大的蛋糕。更聪明的组别在桌子上，留下更少份额的蛋糕：他们达成很多双赢的交易。有证据表明分数更高的个人玩家会得到蛋糕的更大份额，但是更有趣、更确凿的是，分数更高的组别首先会将蛋糕做大。已经有足够多的这类研究——无论是正式的囚徒困境重复博弈游戏，还是非正式的谈判游戏——足以使很多发起者能够进行总结分析。他们想看看，透过这些多的研究，是否可以在总体上得出智商分数可以预示合作行为的结论。答案是：是的，标准智商测试分数更高可以预示双赢行为。

马基雅维利及其思想

"（早期人类中）如此的合作倾向可能向两个主要方面演变。第一，他们是智商进化的副产品。随着人类智商的发展，个人越来越清楚，他们的长期利益在于遵守而不是撕毁某种协议……"

——保罗·西布赖特《离不开的陌生人》(*The Company of Strangers*)

智商与合作的正比关系，在涉及时间要素和社会反馈时可能比较明显。我确实也看到过某个研究指出，在一回合的囚徒困境博弈——这种更像真正的罪犯所面临的博弈—里，智商更高的个人表现得更残酷、更没有协作精神。两个陌生的玩家要同时一次性地选择合作或者欺骗：这是我看过的唯一发现得分更高的人比得分低的人更野蛮的实验。在我看来，这个发现——智商更高的人在一次性的交往中更野蛮，但在长期关系中却更可能合作——正符合被广泛讨论的"马基雅维利智慧"(Machiavellian intelligence)的概念。"马基雅维利智慧"假设人类智慧存在的部分原因是为了解决所有问题之中最复杂的问题：与其他人相处的问题。在一次性的环境里，或者你欺骗别人，或者被别人欺骗，玩家永不相见，我认为智商更高的个人会看清自己所处的环境，然后很精明地、残酷地有所行动。但是在重复博弈里，或者在一个玩家先行动、另一玩家随后做出反应的类似重复博弈里，比如麦凯布的信任游戏，我一般会认为得分更高的个人会尝试相信他人，看看结果怎样。在心理学领域，普遍认为智商更高的人对新经历会更开明，更愿意尝试新事物。除了对新事物更开明以外，测试得分更高的人可能会更懂得游戏规则，更可能知道什么时候他的友善是值得的，什么时候只是自讨苦吃，更可能知道当他投资的友善得不到回报时该什么时候砍掉亏损。通常我们会认为那是一个在更高测试分数的人之中更普遍存在的技能。如果一整组智商更高的人在一起足够长的时间，我们就可以预料到他们会创造出更多双赢的结果，创造出更大的将来他们可能会为之相争的蛋糕。

我无法告诉你有多少次我在生活中遇到各行各业的人跟我说更聪明的人是如何缺乏常识，如何想得太多和如何太过于精明。如果真是那样的话，更聪明的团队可能结果会是太自大了，而且会崩溃于无尽的欺骗，失败的利用他人的尝试，以及持续的、代价高昂的惩罚。当然，有时候会这样，但一般来说，情况并不是那样的。现在我们已经看到了智商更高的团队更具协作精神，让我们将这一观点从实验室转到政界中去看看。

CHAPTER 06

毅力与合作是
政治开明的基础

Hive Mind

How Your Nation's IQ Matters
So Much More Than Your Own

社会秩序以及社会进步最重要的问题是：社会规则得以被遵守，或者欺骗得以被遏制。目前我还没有看到从智商层面上解决这一问题的办法。

——富兰克·奈特（Frank Knight）
《道德与经济学的知识困惑》（*Intellectual Confusion on Morals and Economics*）

通常，信守协议的能力是一件至关重要的事情。罗伯特·阿克塞尔罗德在他的著作《合作的进化》里，讲述了这样一个故事。第一次世界大战期间，德国士兵和法国士兵藏身于战壕里，遥相对峙，中间是布满地雷和带刺铁丝网的无人区。

每一方都面临着囚徒困境博弈：不管对方是否射击，短期来说，我方最好的选择就是开枪射击。毕竟打死别人总好过被别人打死，你挽救的是自己的生命。另外，还有可能获得军功章和晋升的机会。如果双方都这么想，那么喋血沙场将是不可避免的。然而，尽管基本逻辑告诉我们"将会有流血牺牲"，但实际情况是西部前线有着长时间的宁静。逻辑似乎倾向战争，但现实却是和平。这是什么原因呢？阿克塞尔罗德认为这正是由于在第五章讨论过的针锋相对的威力。德国士兵与法国士兵都心照不宣地缔结了不成文的和平协议：如果你不开枪打我，我也不开枪打你。如果上级命令我们开炮，我们就故意把炮口瞄得近一点，或者远一点。这些约定从没来被写下来，甚至也没人提过，但它们还是留下了印记。

试想一下下面的例子。有一天德国的炮火落在英军军营旁边，但英军却毫发未损。一个德军步兵爬过战壕前的护墙来向英军道歉："很抱歉，希望没人受伤。不关我们的事，都怪那门该死的普鲁士大炮"。德军步兵不想破坏与他们所谓的敌人建立起的这种默契，然而军官们讨厌前线上这种心照不宣的合作行为。好在对于军官（而不是士兵）来说解决办法很简单：调动部队。通过将一支部队南调两公里，另一支北撤两公里，军官们就可以将一场囚徒困境重复博弈变成一场单次博弈。在没有阿克塞尔罗德的"未来阴影"笼罩的无人区，原来那脆弱而默契的和平随即便被打破，战争再次降临。

政治是一场更加长期的战争

"'囚徒困境'介于经济学与政治学的交叉口……它也加深了我们对政府为何如此低效的理解……"

——彼得奥德舒克（Peter Ordeshook）

《博弈论与政治学》（*Game Theory and Political Theory*）

上述战壕对峙的故事让我们看到了囚徒困境重复博弈的理论概念应用于真实、高风险的情境。它说明人们可以创造出不成文的规则并且很好地去遵守它们，即便没有人逼迫他们这么做。这些士兵没有政府、司法部或者法律来执行他们的规则：他们只是靠自己而已。有谁监督这些守护者吗？没有，但他们仍然能够在公平的原则上创造并遵守规则。

而且，这则历史故事告诉我们人们对将来的预期对他们今天的行为有主要影响。如果你和你的对手眼光比较长远，你们就更可能达成某种和平协议。但是如果时间短暂，一边往战场移动两公里，或者一方认为明天不过只是幻影、今天才真实存在，那么"未来阴影"就会消退，战火可能会再次降临。Carpe diem（拉丁语：抓住今天）——只顾眼前，就是冲突的起源。

如果长远的目光和专业的合作技能在现场行得通，那么，这些在议会里也能奏效吗？如果在议会里也是如此，那么是否意味着将给这个合作议会治理下的国家带来更多的繁荣呢？这里，我将会阐述我认为两个问题都是肯定答案的原因。正如我们将看到的，在政治中充满了囚徒困境重复博弈以及其他种种情境，这些都离不开毅力。

试想一下政治中囚徒困境的几个例子。一个多数党决定尊重不利于他们的选举结果仲裁，尽管他们可以宣布这个结果是无效的：这个政党这么做的部分原因是他们清楚"一报还一报"的道理。总统和议会相互达成妥协，增加了数十亿美元的投入，而不是为了各自派系的利益争得不可开交。立法会议员的职责分工似乎界限模糊而又重叠，但他们彼此互相尊重而不窃取他人的工作成果。军事部门在日常军事任务中相互合作而不是谋取自己的最大影响力或谋求出尽风头而打压其他部门。没错，在现实生活里，在这些情境中都会有争端的出现，但一个相当称职的部门机构会避免争端的扩大化。换句话说，每一种情境都是一场囚徒困境博弈，在博弈过程中，最坏的情况通常得以避免，短期的利益通常被牺牲掉，因为大家都着眼于未来。"只顾今天"的信条被抛到一边——本该如此。

我认为产权、法律体制、政治体制这些经济学制度是需要更高平均智商水平才玩得好的游戏，是法官、官僚、政客和公民夜以继日在玩的游戏。如果我没有错的话，那些在标准智商测试中表现得好的国家更倾向于使公民的产权得到保障、拥有更诚实的法官、创造出更开明的政治体制，以使得人们得以用双赢的思维解决问题，而不是沦为霍布斯式的人与人为敌的战争。在这些国家中，政府更值得信赖。接下来我将阐述我的理由，为什么总的来说，认知技能测试得分更高的群体所建立的政府更擅长创造长期财富。科斯定理的发明者、横跨博弈论和政治学两个领域并获得诺贝尔奖的经济学家罗纳德·科斯（Ronald Coase），在这一方面是至关重要的人物。

罗纳德·科斯和讨价还价的惊人力量

我们可以把科斯定理通俗地概括为：如果两方或多方可以互相进行讨价还价，那么他们就会商讨出一个有效、共赢的结果，而不管哪一方在议价中更有话语权。我们来看看科斯定理中一个很普遍的例子。一家排污严重的工厂下游有一个养鱼场，我们简单地假设附近没有其他人居住。在一个注重环保的国家，养鱼场有权要求得到一条干净的河流，因此可以依法要求关闭这家工厂。然而，让事情变得有商量余地的因素是：在这个国家里，养鱼场可以依法售卖排污权。工厂支付养鱼场一笔费用，然后它们得到一份排污协议。只要价格合理，养鱼场赋予工厂相应的排污力度。但是，排污严重将意味着要支付更多的费用，工厂将会开始寻找没那么昂贵的方法来削减它们的排污成本。它们之所以这样做，并不是出于好心，而完全是出于贪婪。

试想一下：如果这家污染严重的工厂制造出一款颇受大众热捧的产品——比如说一款时尚的平板电脑——那么这家工厂可能会觉得尽管需要支付一笔相应的排污费用给养鱼场，它们还是有利可图的。如果养鱼场只考虑自身利益，那么它的经营者就会权衡金钱及每况愈下的污水臭鱼之间的利弊。当然，如果这家工厂盈利前景非常可观，它也可能会寻求其他成本更低的办法以使它们可以经营下去：在真实世界中，工厂可能会直接贿赂养鱼场的经理或者采取舞弊手段，不过我们现在暂时将这些真实的例子放在一边。在我们的故事中，关键的问题是，当面对要支付排污费用的问题时，工厂将寻求更低廉的方法以削减排污开支。

因而，如果你赋予养鱼场治理河水的权利，并且允许养鱼场将其中一部分权利卖给工厂，那么养鱼场和工厂就有动机去权衡污染的河水和更少的鱼所造成的代价和更多的平板电脑所带来的真实利益之间的利弊。最终，双方将达成某种协议，在一定的排污、一定的鱼量以及一定的电脑生产之中达到某种平衡。但是科斯定理有一个更大胆的假设：如果谈判很容易进行，那么即便是政府把排污权交换过来，双方也可能达成同等程度的排污协议。如果相反，是工厂拥有自由排污权，那么将会变成是养鱼场卑躬屈膝地送钱给工厂的经营者以换取更干净的河水。也许你的道德观会认为事情不应该是这样的——养鱼场不应该花钱来换取干净的河水——的确，事情不应该是这样的，但是科斯的研究、他的定理和他的著作里一个重要主题是，暗示大家抛开道德制高原则来考虑什么样的社会制度能达到更有效、更多产、更丰富的结果。科斯定理告诉我们的是，在这些简单的例子中，如果各方都擅长于为达到共赢而谈判，那么最终将会达到同等程度的污染、同样多的鱼量、同样多的平板电脑，而不管是谁拥有河流的支配权。不同的只是谁付钱给谁的问题：哪一方拥有河流支配权，它将会更有利，但是不管是哪一方，它们都得在更多的电脑产量带来的利益和更少的鱼量、更多的污染所造成的代价之间有所权衡。

议会：科斯式的谈判论坛

正如经济学家唐纳德·惠特曼（Donald Wittman）在他那本优秀著作《民主失败的神话》（*The Myth of Democratic Failure*）之中所说，科斯定理同样适用于民主立法机构。在民主政治里，"决定权"——做最终的、有约束力的决定的权利——属于多数派的权利。因此，如果谈判容易进行，双方都有共赢思维，那么少数派应该可以收买多数派以达到一个相对有效的结果。多数派提议削减某个关键盈利行业的税收：这一行业可能会还价，建议增加有效税收——比如说根据以往的盈利一次性征收——同样是花费那么多钱又不用削减将来的创新投入。多数派提议大幅增加最低工资标准以获得更多的政治加分：快餐行业也许会建议修正这个提案，逐步降低年轻工人的最低工资，缩小对自己不利的因素。钱是不会被留在桌面上的，尽管大部分的利益都将会流向多数派。

当然，这都取决于双方的谈判技巧。如果立法多数和立法少数都擅长谈判，那么你们国家就更可能得到共赢的结果。但是如果两派都不善于谈判，那么他们可能会陷入我赢你输或者双输的境地。当惠特曼将科斯定理套用于民主政府时，至少在某种程度上，任何政体都可以得出同样的推论：独裁政治、君子政体、商业寡头政治通常都会将蛋糕做大，直至最后按那些紧密联系的圈内人士的意愿分食。

你开始可以见识到科斯定理的力量：它是经济学家和其他社会学家分析和建议的工具。它回答了"这是怎么回事？"和"我们该如何做来让它变得更好？"的问题。它也让无效的结果比以往更加毫无遮掩地突显出来。街道上那么多垃圾，导致房价逐步下跌，你怎么看？是什么令业主不去游说当地政府招募更好的垃圾收集员呢？是什么令业主不集资请人一周来收集一次垃圾呢？

你是否会说，业主们并不能强迫所有的邻居都出钱？一些人光想享受一片洁净的周边环境而不想出钱？那是一个真实的问题——经济学家称之为"搭便车"——但纯粹假设，试想一下在遥远的将来，房地产开发商开发出这样的小区，所有业主都必须缴纳会费来支付额外的清洁工作。你领悟到它的要旨了：谈判真的是很难的——那是科斯定理中恒久不变的定律——但是如果收益足够大，各方都会通过某种办法抓住它。他们会想出某些新办法将双输的局面变为共赢。

"在混沌中构建秩序"

"人们必须用自己的智慧在混沌中构建秩序，不是那种科学的解决问题的智慧，而是那种更难的——在他们之中缔结并遵守协议的智慧。"

——詹姆斯·布坎南（James Buchanan）《自由的界限》
（*The Limits of Liberty*）

记住，在单次的"囚徒困境"里，理性的选择并不是科斯式的双赢结果。在单次的"囚徒困境"里，理性的选择就是背叛：欺骗你的配偶，在街头的另一边向牛仔开枪，或者如同僚罗斯罗伯茨所写的那样，"如果你请客的话，我就来一份顶级西冷牛排吧"。但有效的科斯式结果要求每人都付出一点以达到更好的结果。在科斯式的世界里，我们愿意忠于彼此，我们像讲理的人那样讨论我们的不同，我们只点鸡肉三明治以免账单高得吓人。在上一章里，我们看到了达到那样高效结果的方法：在有耐性、友善、有洞察力的玩家中重复多次囚徒困境博弈，你就会得到很高效的结果。你将会得到信任、安宁和节俭。

设想一下如果上面提到的养鱼场和工厂在一个法制不是很完善的国家，因此养鱼场无法与工厂签订一份在法律上有约束力的协议。但是，养鱼场可以采取"一报还一报"的策略。如果工厂的排污今年有所减少，那么养鱼场将会在下一年工厂 CEO 最爱的慈善会中慷慨解囊。如果工厂说了谎，增加了排污，那么在下一年的白血病幸存者之友的筹款会中，养鱼场就会少出钱。这种"一报还一报"的策略可以对工厂施加一定的压力。

这不仅适用于企业之间心照不宣的协议，也适用于政治。为什么那些有权势、有名望的政客会辞职下野？为什么他们在位时不尽可能地侵吞公款？当然，在某些国家也许如此，但为什么不是在所有国家都如此呢？科斯定理和重复博弈给出了答案。

政府对财富的没收与解决办法

常规的腐败行为——花 20 美元去逃避违规停车的罚单，花 1 000 美元去收买某人使他因此得以开一家贩酒的商店——这些可能还不足以构成对社会繁荣的最大威胁。虽然这些行为也并不光彩，但是这些加起来都还未达到影响整个社会经济的程度。是政府对财富的没收，而不是这些微不足道的贿赂，构成了更大的威胁和更大的智力难题。毕竟（通常）政府拥有最多的武器，因此私营企业每天还得以拥有自己的财产真让人感到困惑。也许在你的国家，政府比较开明，不会把所有东西都据为己有，但是在其他的国家呢？

　　当然，这个世界上有一些这样的国家，它们的政府强大到几乎可以攫取一切社会财富，然而还是有许多财富留在了私营企业手中。那些石油资源丰富的国家就是值得我们思考的反例：政府知道财富来源于哪里（在地下），因此政府确保自己拥有土地。在这样的国家里，最富有的人通常都是政府里面的或者与政府关系密切的人。在私营企业盛行的富裕国家，政府可能实行高税收，但是只有适当一部分的税收所得被顶层政府官员留下，大部分的税收被以退休金、公共卫生事业和教育事业投入的形式返还到市民中去了。顶层政府官员和政治领导人并不贫穷，但是在大多数富裕的国家里，他们也没有跻身"最富有的人"的行列。

　　在富裕的国家里，政府是如何抵御攫取财富的诱惑的呢？为什么有些政府可以和市民进行科斯式的谈判，让私营企业得以继续创造财富而政府只收取其中一部分呢？达龙·阿西莫格鲁（Daron Acemoglu），其所处时代发展经济学家中的领军人物，对此问题进行了深入的探究。他认为政府很难对公民有所承诺，因此政治世界一直有变成欺骗、短期行为横行的地方的风险。然而，阿西莫格鲁也认为，尽管他们关注于短期利益，政府有时候仍然会找到抵御短期诱惑的方法。耐心，将再一次扮演着关键的角色。

政府会等待吗?

"决策者有限的时间跨度对法律的资本货物特性来说是很重要的……"

——詹姆斯·布坎南《自由的界限》

试想一下,你是一个商人,正在考虑要不要投资一个长期项目。对于这个项目,我们假设对于你和局外人来说,投资时间越长,你就越有机会发财。蛋糕每天都变大一点。如果你们的政客目光短浅又冲动,那么每天他们都有可能冲进来抢走你的一半(或全部)身家。如果你意识到这样的事情将来可能会发生,那么你做决定的时候就不得不考虑这个事实:由于害怕将来你的财产会被没收,也许你从一开始就不会投资那个项目。如果你们的政客比较有远见和耐心,那么你就会觉得他们满足于慢慢征税,不时地拿走一小块蛋糕。毕竟,蛋糕在不断地增长,所以对于一个有耐性的政府来说,每年拿走一小块蛋糕,可以拿很多年,要远好过如今拿走一个小蛋糕的全部。

如果说不同的国家之间唯一的不同是，某些政府更有耐心，那么我们将看到什么呢？在那些政府缺乏耐心的国家，我们可以看到商业不敢经营大的长期项目，而往往只是选择小打小闹且容易躲过税务部门觊觎的项目。同时，也许有一小部分人脉广的亿万富豪可能贿赂税务部门或者找到其他与腐败政府共事的方法。局外人也许会错误地认为在那样的国家商人"没有良好的文化"并且缺乏"前瞻思维"或者"活力"，或一系列成功商业法则中的任何一条——然而，真相却是，这些国家的企业家只是在理性地应对他们那冲动、短视的政府而已。

那么，在政府比较有耐性的国家中，我们又能看到什么景象呢？企业家投资大项目，小型企业偶尔成长为中型企业，以及更大规模的投资支出。并且我们能看得到对大大小小的企业适度的税收水平。一个有耐心的政府只会每年收取合理大小的一块蛋糕，而不是猛扑到那些已经发展到可以向其纳税的公司身上将其榨干——有耐心的政府喜欢玩长期游戏。这也提醒了我们，将国家经济的结果归咎于私营企业中的人力资本是愚蠢的。政府缺乏耐心会刺激私营企业去寻找快钱，容易避开政府征税的快钱。政府缺乏耐心会刺激私营企业表现得急躁。请注意所有这一切都是在没有真正的囚徒困境博弈的环境下产生作用的：这些成千上万的商人只是意识到了他们的政府是什么样的政府——有耐心或者没耐心——而采取相应的行为。

阿西莫格鲁明确地分辨出政府的不耐心在他的故事中所扮演的主要角色。根据他的理论，政府越有耐心，私营企业就更有理由相信政府，而且私营企业将会增加更多的投资。阿西莫格鲁甚至更进一步，用数学的方法描绘出这样一幅景象：如果政府足够有耐心并谨慎行事，我们就会得到一种健康发展的私营经济和一个拥有健康税收收益水平的政府。并且，所有这一切都是因为政府的耐心，而不是因为有诸如宪法或者国际法等法律条文的外部力量迫使政府去规范自己的行为。

阿西莫格鲁这样描述道，在现实中，最好的国家是一个在政治上信奉"科斯定理"的国家。如果政府有足够的耐心，政府和私营企业会找到办法实现双赢。

政府：以耐心克服诱惑

"世界经济的落后似乎很大程度上可以归因于缺乏相互信任。"

——肯尼思·阿罗（Kenneth Arrow）

《礼物与交换》（*Gifts and Exchanges*）

大多数立足于长期利益的政治数学模型都离不开耐心因素。但是创造这些数学模型的政治学家和经济学家通常将耐心看成是固定值，不在讨论范围之列。阿西莫格鲁是一个重要的例外，现在我们来看看另一个。

首先我们来看一个简单的、获得过诺贝尔奖的例子：通货膨胀诱惑。世界上的政府喜欢做以下两件互相矛盾的事：

第一步：承诺一个长期的低通货膨胀率，通常为一项惠民政策。

第二步：一旦各行业将其商品或服务价格调至较低水平，工人们的工资维持在保守水平，政府就开始加印货币并投给消费者，这样就创造出一种常见的短期经济繁荣局面。

一个国家要实现第一步的一个方法是承诺一个稳健的货币供应，但是要实现第二步的方法却是几个月后就要违背这个承诺。当然，理性的行业以及工人可以很好地抵御通货膨胀的诱惑。所以回到第一步，工人们坚持要更高的工资，行业将价格设得更高。这一组事实——政府今天要说出明天他们极有可能忍不住要打破的承诺，以及私营企业在做今天的计划时会考虑到明天将被打破的承诺——就是我们熟知的"最优方案时间的不一致性"。经济学家芬恩·基德兰德（Finn Kydland）和爱德华·普雷斯科特（Ed Preseott）能一同获得诺贝尔经济学奖，在某种程度上是因为他们指出了时间的不一致性在政府的政策规划中随处可见的情况。以下是政府决策中时间不一致性的一些例子。

由于 X 国希望引进大量外国的直接投资，X 国的政府承诺将会公平对待外商。但是外商明白，不管是口头或者书面承诺，他们的投资最终将会被收归该国政府所有。因此，外商会投资很少，或者，如弗朗西斯科·德安孔尼亚（Francisco d'Anconia）在《阿特拉斯耸耸肩》（ *Ailas Shrugged* ）一书中所说那样，他们会在自己的海外业务中投入一些古老、过时、破旧的设备，如果设备最终真像预料的那样被没收的话，对该国政府也将没有多大用处。

Y 国政府承诺对少数族裔的生意采用透明公平的法律制度，但少数族裔知道他们还未足够大到影响选举结果，所以 Y 政府将不会信守承诺。因此，少数族裔不会经营规模大的生意，反而会选择打工或者从事地下经济活动。因此整个经济状况会变得更加贫穷，因为社会从来没有真正让少数族裔发挥过他们的才能。

Z 国政府说将不会为居住在洪水区的居民提供灾难援助并且试图阻止人们前往该区域居住。但人们明白在洪水后政府将会忍不住提供援助，所以他们径直搬到洪水区建房居住。当灾难来临，几个星期后救援款项被拨下来——事实证明人们的想法是对的（这个例子实际上是从基德兰德和普雷斯特科的原著中摘录过来的）。

某个不知名国家的政府通过一项法律声明在金融危机来临时不会帮助大银行走出困境，但实际上，不用多说你也知道结果将会如何。

这些只是政府想要信守承诺，但又无法实现的例子——欺骗的诱惑太强烈了。政府发现很难管住自己的双手。但耐性的力量再一次扮演着拯救者的角色：更有耐心的团队更可能收获良好经济的果实，缺乏耐性的团队可能就受困于单次的次优方案之中。耐性可以将最优方案变成时间一致的计划。

经济学家罗伯特·巴罗和罗伯特·戈登（Robert Gordon）在很早以前就指出了这一点。如果把基德兰德和普雷斯科特的两段不连续的故事延长为一段连贯的时间，那么你就会发现声誉会起到关键性的作用。

幸运的是，理论世界跟现实世界是完全一样的：正如你的祖母教你的那样，好名声赛过红宝石。巴罗和戈登注意到要获得好名声，耐性至关重要。着眼于长期的人更关注他们的名声。

在一个看重名声的世界，公民可以单纯地通过不再信任政府来"惩罚"它的不守承诺。所以，如果政府承诺维持低税收后又突然显著提高税收水平的话，投资者可以通过几十年不再信任它来惩罚政府。在实际操作中，投资可以避免追加新的投资，或者将更多投资转入地下经济或者避税项目，或者转而投向其他更值得信赖的国家。如此一来，政府和私营经济就要遭殃了。是什么诱使政府欺骗、增加税收、加印货币、没收外商投资、剥削少数族裔呢？答案是急躁。当未来的影子遥远又模糊时，低通货膨胀率、公平对待少数族裔和鼓励投资政策的前景就将变得黯淡。

测试分数与政府质量：理论与事实

　　囚徒困境实验、谈判游戏、耐性测试都显示了智商与实验结果的联系，这三者都是说明开明政府为何难遇的主流模型的一部分。在实验室中我们可以看到它们之间的联系，但在现实生活中又是怎样的情况呢？测试得分更高的国家是否腐败更少？更好的管理、更值得信赖的政治体制呢？

　　总的来说，答案是肯定的。清廉指数——一个被广泛用来衡量政府是否诚实、是否透明的指数——与国家的平均智商水平有强烈的关系，如图 6.1 所示。慕尼黑 IFO 研究所的尼克拉斯·仆切夫基发现国家的智商测试分数能够预测国家的腐败水平，尽管你已经想到平均智商更高的国家一般更富裕，国民受教育程度更高及很多其他的特征。平均智商高可以预测一个国家的低腐败水平。仆切夫基和我合作的另一项研究揭示了一个国家的平均智商、数学和自然科学测试分数可以很好地预测一个国家总体财产权的贯彻程度这一事实。约翰内斯堡大学的经济学家艾萨克·科隆达的卡尼亚马（Isaac Kalonda Kanyama）发现国家平均智商与一系列世界银行创造的另外的指标之间有着一定的甚至很强的联系。在平均测试分数高的国家，政客倾向于尊重公民的个人财产，政府官僚允许人民和商业自由买卖、少加干预，行贿受贿在日常生活中较为少见。在平均测试得分更高的国家，政府更可能让人民与商业和平地找到他们的科斯式谈判。在这些情景里，似乎马基雅维利智慧通常演变为科斯智慧。测试分数与政府质量之间的关系是如此密切，值得成为任何一个关于如何改善政府管理的讨论的议题。测试得分所代表的人力资本，似乎是创造一个良好的政府管理状态的重要因素。

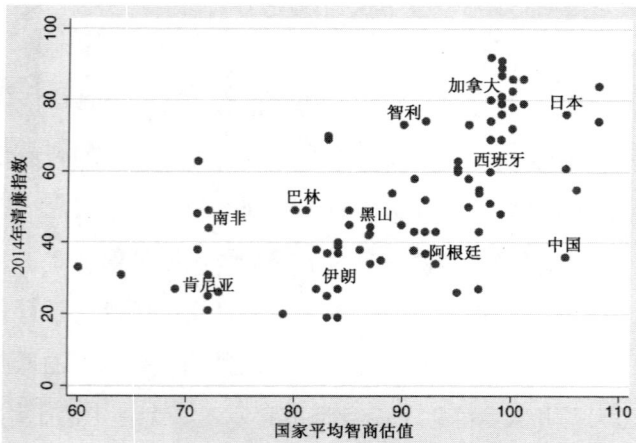

图 6.1　国家平均智商与 2014 年清廉指数

资料来源：林恩和迈森伯格《国家智商》，及 2014 清廉指数

政客从哪里来？

我们现在来看一个重要的问题：为什么政府官员的平均智商与该国家公民的平均智商有关呢？最重要的原因是，政府几乎都是由来自这个被治理的国家的人来管理的，根据普通概率论，我们有很好的理由认为即使政客们的智商远高于他们国家的平均水平（这是一个有争议的命题），得分更高国家的政客也比得分较低国家的政客拥有更多技能。当然，不是所有的国家都是由来自本国的政客来治理的：很多国家都被殖民统治过。然而在如今绝大多数国家都是由本国人所治理，因此无论他们是从普通民众中随机选举出来的，还是来自10%的精英阶层，一般来说平均测试得分更高的国家更可能选出平均测试得分高的领导人。林德曼和他的合作者发现平均测试分数更高的国家一般由受过更正规教育的政客所治理。它们之间的相互关系比较温和，不过，更重要的是，他们存在正相关的关系。既然受教育水平能说明智商水平，国民智商测试平均得分更高的国家通常拥有更高测试得分的政客这一理论就有了论据。

想要得到相反的结果——要让智商高于平均水平的国家拥有智商低于平均水平的政客——你得让高智商国家从体制上降低对政客的标准要求才行。也许这在你看来有理，或者不是。在发达国家，我们喜欢嘲笑政客的智商，但实际上自里根之后，每位美国总统都拥有常春藤名校的学位。玩笑归玩笑，这些学校不太可能拥有智商低于平均水平的学生。那只是一个例子：发达国家的官僚机构以拥有很多——而不是很少——来自精英学校的官员而著称。这些学校入学时都要进行智商类的测试。一般来说，一个国家的国民智商测试平均分数更高，相对地，其政客们的测试平均分数也会更高。这意味着通过改善营养和医疗条件来提高国民的平均智商将会带来长期的政治收益——我们只能希望如此。

CHAPTER 07

理智的选民及
智者治国

Hive Mind

How Your Nation's IQ Matters
So Much More Than Your Own

一个不理智的选民伤害的不单只是自己。他的不理智选票所带来政策的错误引导，同时伤害了受该政策影响的每一个人。

——布莱恩·卡普兰

《理性选民的神话》（*Myth of the Rational Voter*）

"危险在于剂量"是毒理学最有名的观点之一。少剂量的毒药、农药或者放射性物质，其危险程度没有大剂量那么高。不管是接触到太阳辐射、铅还是橙剂，大剂量比小剂量更危险，小剂量比零接触更危险。普通民众并不认同这一观点，他们直觉地认为无论接触多少都一样的危险，有毒就是有毒。专家显然不认同普通大众的观点。

两者的意见相悖，我们在现实中能找到真实的案例：卫生健康研究员南希·克劳斯（Nancy Kraus）和她的合著者对政府部门、私营企业和学术界的毒理学家进行过调查，同时也调查了美国普通民众是否认可诸如"加大投资以期降低化学物品的风险"、"化学品的使用利大于弊"和"你应该担心的不是接触了多少、而是是否接触化学品"等一系列问题。你也许会认为这些作为教授或者政府工作人员的毒理学家们可能会特别反对人工化学物品——毕竟如果他们说"化学品总体上是非常安全的"，他们也许会因此丢掉工作——但结果却发现不同类型的毒理学家之间的看法相差较小，相比起来，毒理学家与普通民众之间的看法相差就比较大了。在调查中，只有 12% 的普通民众非常认同"危险在于剂量"这一观点，而有 62% 的毒理学家十分认同这一观点。请注意这一巨大的差距：专家们与普通民众之间有 50% 的差距。普通大众更倾向于用要么全有或要么全无的推理方式去看待化学品的危险性，而专家则将毒性看成程度的问题。

所以什么可以预测人们是否同意毒理学家的看法呢？是教育程度。受教育程度更高的人更可能认同专家的看法，更可能认同同行评审的科学性，更可能认为中毒其实就是程度深浅的问题。受教育程度更高的人可能知道更多的事实。

这在民主政体里很关键。如果选民掌握更多的信息，他们就更可能基于事实而不是谣言、直觉或个人想法去形成自己的政治主张。近几十年来，社会学家通过各种方式去检验这一观点。比如，有一项研究发现，美国人、英国人以及芬兰人的受教育程度越高，就越能正确回答有关政治、科学和经济的问题；在参与调查的四个国家之中，丹麦是唯一一个国民受教育程度与对新闻时事熟悉度没有联系的国家。受教育程度高的美国人大体上更可能熟知经济概况，比如这一年的财政赤字是多少；更可能知道他们的工资税（公共安全和医疗）要比收入税付得更多；更可能熟悉国家经济政策的其他基本事实。同样，受过教育的选民也掌握更多的政治知识。他们更可能熟悉国会议员的名字、参议员的服务年限、最高法院的人数。这些也许都是细节，但即便如此，请想想达·芬奇效应的力量：在细节上做得好的人倾向于在诸如智商测试的其他方面也做得好——以小见大。

知情选民在民主政体里有多重要呢？我的同僚布莱恩·卡普兰写过一项可能是关于这个问题最有名的研究，在他那本超级有趣的、名为《理性选民的神话》的书里有所概括，这本书对我在这一章中所说的一切都见解深刻。卡普兰认为现代民主政体的一个主要缺点就是他们过于迎合选民的古怪偏好。那些满足不了选民愿望的政客可能会被可以做到的政客所替换——政治是一项相当有竞争性的运动——所以普通选民的意愿很重要。但选民不太关心自己对政策的看法是否正确——他们不知道提高最低工资是否会毁掉很多工作岗位，不知道政府是否会通过刺激个人消费或增加税收的方式来为政府增加的支出买单，不知道大学扩招会促进工资增长还是只意味着文凭增多了。当要形成政治观点时，保持不知情是理性的做法。

毕竟，对于一个选民来说，他的一张选票无法从本质上决定选举结果，无论他是否了解相关议题，最终投票结果还是一样的，因此她就没有太多动力去了解什么样的政策带来什么样的结果。他只知道需要加汽油到他汽车的油箱里，而不是玉米糖浆。因为一旦他做错了决定，他的汽车将无法启动。然而，如果他认为削减税收能大大促进经济增长、反过来又使税收收入增加，他便会相应地投上自己的一票；但是，政府的政策却根本不会因为他的这一票而发生改变。你可以不受约束地、无须承担后果地拥有不理性的政治信念，而根据经济学理论，人们会做很多这种不用负责的事情。

但是卡普兰不单单是从"理论上"指出选民可能讯息匮乏的事实。他指出，每当谈到经济政策的时候，关于哪些经济政策好，哪些不好，不同的经济改革会带来什么样的后果，美国民众与专业经济学家的看法迥然不同。卡普兰与克劳斯一样，把经济学家、毒理学家看成比外行人士懂得更多的专家。你可能会想起曾有人说过如果把这个世界上的经济学家聚到一起，他们将无法达成共识。然而，在供求的基础上，在未预期后果的重要性和社会副作用的力量等领域，他们有着数量惊人的共识。

在书里，卡普兰写道，当经济学教授和普通民众被问到关于经济政策的同样的问题时，他们的看法通常迥然不同。但是除了注意到普通大众不认同专家的看法外，卡普兰走得更进一步。他指出，"什么可以让普通民众像经济学家一样思考呢？"一个重要的因素是教育。你接受教育的程度越高，就越可能认同经济学家关于更自由的国内贸易的好处、企业裁员的利弊以及很多其他问题的看法。卡普兰写道，不只是因为经济学家和教育程度高的人更富裕——不只是富裕让人们对穷人的诉求麻木无情。卡普兰通过类比同等收入水平和同一政党等相同背景的经济学家与非经济学家，试图从统计学上找到收入和其他因素以及个人特征的关系。他发现经济学家不认同普通民众看法的最大原因就是因为他们是经济学家，而不是因为他们比较富裕或者受教育程度高。还有，为了免得你误会，他们意见的不一致也不是因为经济学家是共和党人：实际上，更多的经济学家是民主党人。

因此，如果教育能让人们像经济学家那样思考，也许就可以解释为什么国民平均智商高能预示该国经济状况良好。平均测试得分高的国家通常有比较高的教育水平，这意味着高得分国家一般来说将拥有更理智的选民。在民主国家中，这意味着那些政客将面对的是更有市场触觉的选民，他们需要促进以市场为导向的政策得以通过来换取选民的投票。无论是在民主国家还是非民主国家，这意味着有更多受过良好教育的、高得分的人投入到政府机构中去，在政府大厅中贯彻他们更丰富的经济学（或毒理学）知识。在我们的一生中，一直被告知理智的选民至关重要，卡普兰也认同这个观点。

当然，当卡普兰指出受教育的年限能（在某种程度上更强地）预示支持市场的态度，人们不禁怀疑到底是教育本身，还是智商或者与教育相关联的其他因素引起了思想的变化。在后来与史蒂芬米勒合著的书中，卡普兰探讨了这个智商与教育的问题。他们利用长期存在的综合社会调查（线上免费资源）来探索究竟是人们的受教育年限还是他的单次词汇量测试得分更能预测一个人的支持市场的态度。既然词汇量测试是韦克斯勒智商测试的一个组成部分，既然词汇技巧与总体智商有强烈的关联，词汇量测试是完整智商测试的一个相当好的替代物。卡普兰和米勒因此举行了一场竞赛，探究在综合社会调查里，哪个可以更好地预测支持市场的态度，是智商还是受教育年限。总的来说是智商，尽管不是以大比分胜出。在自由国际贸易中，教育水平可以更好地预测支持市场的态度。也许当代美国的教育真的会让你对其他国家的人变得更友好，或者也许教育会让人理解维多利亚时代的经济学家大卫·李嘉图的非直观的"比较优势法则"——这是自由贸易理论的基石。但是总体来说，智商能够较好地预测支持市场的态度，在智商与教育的对抗中胜出。更高的认知技巧明显可以帮助人们更像经济学家那样思考。如果经济学家是名副其实地比一般人掌握更多的经济知识——这一结论我将留给你自己判断——那么更高的认知技巧意味着更知情的选民。

数学能力与知情选民

耶鲁大学的丹·卡汉（Dan Kahan）以及他的合作者给人们两种图表。一组看到的是有关枪支暴力数据的图表，另一组看到的是有关皮疹的数据。研究人员询问应答者图表里的数据是否让他们确信枪支管制法有助于减少暴力犯罪（第一个图表）和某些特别的药膏是否有助于治愈皮疹（第二个图表）的理念。

滑稽的是：这些数据都是编造的。作为实验的一部分，卡汉同样会了解他们属于哪个政党和党性如何。另外，有两套不同的枪支数据随机发给不同的参与者，其中一套数据看起来似乎枪支管制有助于降低犯罪率，而另一套看起来枪支管制增加了犯罪率；关于皮疹的数据也如此操作。参与者也参加了一项简短的智商类测试，一个数学技能测试。卡汉和他的合作者有什么发现呢？他们发现，无论看到的是哪套数据，民主党人更倾向于认为那些枪支数据说明应该加强枪支管制；而共和党人则持相反的态度。尽管客观事实摆在面前，就算再简单的事例让你分析，你也可能只是以自己的角度去看待问题。常言道,屁股决定脑袋(你坐在什么位置决定你的想法)。但卡汉的研究更进一步，他分析在智商类测试得分高的人是否更倾向于了解枪支和皮疹数据的事实真相。结果不出所料，在上述数学测试中得分高的人通常更倾向于了解事实真相。

但是，事情还没有结束。记者埃兹拉克莱恩在他给 VOX 新闻网写的第一篇文章中，提到了卡汉的一个特别的发现：在枪支管制的案例中，计算能力越强，民主党人与共和党人之间的意见分歧就越显著。因此，如果数据显示枪支管制确实能降低犯罪率，得分高的共和党人只是稍稍比得分低的共和党人更能正确解读那些数据。

然而得分高的民主党人却远比得分低的民主党人更能意识到该案例符合他们党派的主张。克莱恩认为：知情的选民比不知情的选民更会有不同意见；更高的数学技能意味着更多知识，更多知识可能意味着更多的意见分歧，而不是一致的意见。

不错，那是卡汉的研究给我们的一则启示。然而，我们来看看另一则同样正确的启示：一般来说，智商测试得分更高的人更容易读懂段落文章，即便是他不想看到的新闻。在面对赞成枪支管制的论据时，相比得分低的同党派人士，得分高的共和党人稍微更容易正确解读有关数据。而得分高的民主党人在面对反对枪支管制的论据时，他们的解读相比得分低的民主党人却没有本质变化。当这则新闻符合他们的意愿时，两个党派得分高的人士都可以得出正确的答案。因此总体来说，在耶鲁大学的研究中，在智商类测试中得分更高的人更可能了解客观事实真相，并且也许在现实生活中他们也是如此。不错，如果这盏灯是你想见到的，你就更可能看到它。但是，如果你的认识技能测试做得很好的话，你也很可能看得见那盏灯。

聪明人的态度

　　测试得分更高的人倾向于持有支持市场的态度并且更可能透过大量复杂、模糊的事实看到事情的核心本质。但是，他们更可能会参与投票吗？他们更可能会在投票当天现身、通过自己的选票去影响国家政策吗？或者反过来说，像经济学家戈登·塔洛克那样放弃投票？因为他知道与可以改变投票结果的可能性相比，他在前往投票站的路上意外身亡的可能性更大。早期关注投票选民的研究都是着眼于他们的受教育年限，而教育程度当然跟智商有一定甚至是很强的关系。在20世纪70年代一本名为《谁会投票》（*Who Votes*）的经典著作中，沃尔芬格（Wolfinger）和罗森斯通（Rosenstone）总结道：

　　　　"核心的发现是教育是极其重要的……提高投票参与度的因素包括令政治学习更容易、更愉悦以及减少投票难度等。"

受教育程度与投票率的正比关系可见于许多国家，不过即便智商可以预测教育程度，而教育程度又可以预测投票率，我们却不能得出智商水平可以预测投票率的结论。即便是 A 可以推测出 B，B 可以推测出 C，A 仍然可能完全无法推测出 C。因此有必要看看智商以及其他测试分数是否真的可以推测出我们关心的结果。证明了教育程度可以推测出某种结果并不等同于证明了智商可以推测出这一结果。

迄今为止，英国有两项研究发现，不管社会等级、教育程度和一些个性特点等其他因素如何，测试得分高的个人更可能会投票。其中一项研究还发现高智商意味着对政治更感兴趣。然而，在美国的一项研究中，他们进行了三项不同的调查，却没有发现有实质的证据表明智商水平能推测出投票行为。作者概括道，"认知技能在决定公民参与中起支配作用这一点是站不住脚的"。

然而智商与一些主要的政治态度的关系更为明显：英国的一项研究发现，智商测试得分高的人可能更开明，更不会有种族歧视并且更追求性别平等。因此，英国的研究认为得分更高的个人更可能是社会自由主义者，而美国卡普兰和米勒的研究认为得分更高的个人更可能是亚当·斯密式的市场派人士。在回顾近来的一些研究中，心理学家林德曼、弗洛里斯·门多萨（Flores-Mendoza）和伍德利（Woodley）概括道：

> "更高的智商可以导致更理性的世界观，更弱的宗教信仰，更少的陈腐观念和教条主义。"

通过巴西的数据，这些作家发现，瑞文智商测试得分高的人一般来说更可能持有中立或者中右翼的政治态度，尽管他们的收入水平、教育程度和其他因素有所不同。因此，至少在巴西，智商更高的人更可能避免极左或极右的政治态度。目前还没有来自其他国家的数据，我们应该持谨慎态度，切莫将个案当成普遍性。然而，认为智商能推测出自由主义——在启蒙运动的传统观念中，社会容忍和市场导向的一个谨慎的混合——看起来像是一个合理的起点。

真实世界的知情选民

认知技能也许不只可以预测某种政治态度：智商能推测出

记忆，无论是短期还是长期的。测试得分高的人知道更多话题的更多事实，包括时下的一些事件，资讯有助于知情选民的产生。沿着这些思路，哈佛大学肯尼迪学院的罗希尼·潘德（Rohini Pande）花时间去回顾所有的主要研究课题，包括在发展中国家进行过的现场实验。她提出了一个明确的问题：为选民提供更多的资讯是否会改善政府质量。你大概能够猜测得到她得出的结论，答案是肯定的。但是也有一些忠告，和她回顾那些研究课题一样重要的是她对知情选民为何重要的探讨。她着重强调了关键的一点，跟卡普兰更着重于意识形态上的角度有所不同。潘德认为，知情的选民会让政客们对其言行负责。他们会记住这些政客是否贪污、高效、丑闻缠身，等等。回顾达利那幅关于融化了的时钟的著名画作——巴罗和萨拉伊马丁的教科书的封面就用了这幅画——我们称为"记忆的永恒"。作为论据，她探讨到了经济学家费拉斯和菲南有关巴西政府审计的一项经典研究。巴西中央政府授权在某些区域而没有在其他区域进行审计，因此费拉斯和菲南得以比较审计前和审计后、审计区和非审计区选民们如何对待他们的现任市长。不错，政府审计重要；但结果显示无线电广播也很重要。无线电广播对于世界上的很多人来说，是低成本信息的主要渠道。在拥有较多广播电台的区域，有关当地政府腐败现象的新闻对现任官员大为不利，而当地政府没有腐败现象的新闻将对现任官员大为有利。在没有电台的区域，审计的影响实际上是很弱的。如果有关政府质量的信息比较容易获得，选民们就可以奖励高效、惩罚低效的政府。在评论的最后，潘德概括道：

> "在低收入地区的选民易于接受关于政治人物表现的新信息，并且乐意基于这些信息去投票。"

因此，只要选民可以掌握更多哪些政客更好、哪些政客较差的准确信息，政府的质量就会因此而改善。作为信息传播渠道的电台广播很重要，还有一种信息传播渠道或许也很重要：选民的记忆。那些记得政客们更多事实——例如一个月前在报纸上读到或者在电视上看到的消息——的选民们更可能会约束那些表现差的政客。选举从某种程度上说也是一种细节考验(竞选市长的那个人是谁来着)。一般来说，在细节考验上做得好的人更能约束那些政客。这一点，无论在什么地方，都是将来的一个很好的研究课题。

意见的社会结构

"他人的意见对我们自己的意见有什么实际的影响呢？"

——所罗门·阿希（Solomon Asch）

《意见和社会压力》（*Opinions and Social Pressure*）

我们已经在教室里或者在邻居中彩票后看到过从众行为的证据，但是最经典的从众实验还是值得我们花一点时间去看看。这个实验是这样的：社会心理学家所罗门阿希让一群学生待在一个房间里，然后让他们看一张卡片，前面分别画着 A、B、C 三条直线。第二条明显最长，而 C 明显最短。学生们要按要求逐个地、大声回答出哪条直线最长。一个接一个的学生都回答是 A，然后轮到了你。在所有人或者几乎所有人都答出那个似乎是错误的答案时，你将会如何回答呢？在阿希的实验里，大约有 1/3 的学生给出了错误的答案，他们也跟从大众回答 A。

当然，这个房间了除了你，其他人都是被安排好的托儿。他们都是故意回答一个错误的答案，看你是否会从众。阿希的实验是经典的人类从众行为实验，是所有其他的从众实验对比的基准。它表明，当大多数人都倾向于给出相同的答案时，就会产生乘数效应，令剩下的举棋不定的人压力倍增。早在 20 世纪 50 年代，阿希在《科技美国》发表他的研究结果时，文章的题目其实是"意见和社会压力"。试想象一下： 如果面对例如线条长度那么简单的问题，都有那么多人随大流给出一个明显错误的答案，那么你可以想到当被问到更加模棱两可的问题——比如"毒性是否在于剂量"或者国际贸易是否对国家有利等——他们会怎么样。如果阿希的发现有普遍性，即持不同意见的人会保持沉默以免冒犯大多数人，这样一来这些不同的声音就根本没人能听见。这样就使冒犯的想法自然消亡，这就是政治学家伊丽莎白·诺尔·诺依曼（Elisabeth Noelle-Neumann）的"沉默的螺旋"。诺尔·诺依这一经典理论被检验过许多次，总有一些证据证明螺旋是真实的。一旦某种意见被贴上过时或者非主流的标签，一些人就会停止谈论它。既然有证据证明这样从众心理的极端例子真实存在，那么在自由开放的社会，在关于政治、社会和经济方面的话题上，从众现象可能相对更温和一些。

　　然而，典型的"沉默的螺旋"并不常见。通常政治观点并不是通过打压反对的声音来传播的；相反它是在朋友之间相互传播的。数十年来，政治学家致力于研究政治观点是如何传播的。政治学家大卫尼克森总结了 20 世纪中叶的有关研究，发现了"信息通过网络水平传播"，一个"推翻了领导力模型媒体效应的观点"的发现。因此自 20 世纪 50 年代开始，政治学家就怀疑我们通常是从与我们相同等级的人、而不是从诸如政治领导人、CEO 或者宗教领导人等精英阶层那里获得政治信息，虽然人们通常都有从众心理，但是我们更喜欢向左向右看，而不是向上看。

　　然而，虽然你是从领导那里获得信息的，但这并不意味着你的邻居就可以从本质上影响你的政治观。毕竟，你可能只和那些与你政治观相同的邻居说话。你相信朋友的政治见解是因为你已经很大程度上认同你的朋友。要检验一个人是否可以从本质上影响你的政治见解的唯一办法，就是随机变换和你谈论政治的人，或者随机更换和别人谈论的话题。再一次地说明，实验是检测真理的黄金标准。

　　当然，阿希的实验只是一个例子。但是如果在政治问题上进行同类型的实验，将会发生什么呢？如果一个人要在一个充满保守派的房间里谈论一个有争议的政治话题，将会发生什么？在充满改革派的房间里呢？在充满各派政治人士的房间里呢？耶鲁大学和圣母大学的一组政治学家进行了一系列"协商式民意调查"的实验来探讨这些问题。开始时他们先调查了参与者的政治态度，然后让他们和其他的参与者一起进入一个房间。进入房间后，参与者被要求就一系列规定的话题，如教育政策、卫生政策或者时下正在进行的伊拉克战争等展开讨论。讨论完后，他们再次被调查。参与者被随机安排到不同的房间里，所以一些人会被分到有更多伊拉克战争支持者的房间里，而另一些将被分到有更多反对战争人士的房间里，以此类推。那样就可以检查他们讨论之后的意见是否会转变为该房间里未经讨论的一般性意见，以此可以看出他们是否从众。研究人员一共调查了330组、每组10个人，因此如果从众心理是一股较强劲的力量，我们应该可以看得到。以下就是他们的结论：

> "经过几年的实验，我们发现缺少证据证明团队架构影响
> 经过讨论后的态度。通过一系列不同的实验变量，以及不同
> 的实验人群，得出一致的结果，表明阿希的定律不适用于协
> 商式民意调查。"

因此"缺乏证据"表明在对一个政治话题进行了数小时的讨论之后还有很强的从众效应，而且由于这些设定比较像阿希的实

验——一小组陌生人，相同的谈话，易于表达意见——我将这看成
是政治观点更难以改变的证据。其他一些研究发现了更强的从众效
应，比如早期英国的一项关于陪审团决议的研究，跟耶鲁大学和圣
母大学的研究差不多。但总的来说，至少在短期看来，当涉及政治
观点的时候，从众效应是比较弱的。

如同在药品领域一样，在政治里，很难进行长期的实验研究。
我们不可能随机将知情的人们派到某个周边地区，将不知情的人们
派往其他的周边地区，然后进行十年之久的实验观察。因此，我们
无法获得从众效应对民意长期影响的实验证据。试想一下这样的实
验：假如某个小镇建了一个火车站或军事基地，但其他镇却没有，
那么新居民是否会影响老居民的投票模式呢？不过据我所知还没
有人进行过这样的实验。

据我所知，最接近的例子是一个关于谷歌员工的实验，任职于
谷歌的博考吉尔（Bo Cowgiu）与经济学家贾斯汀·沃尔弗斯（Justin
Wolfer）、埃里克·兹特维茨（Eric Zitzewitz）一起探讨了谷歌内
部的预测市场。这是一个线上市场，谷歌员工可以下注竞猜诸如几
个月后"Gmail 将有多少用户"，Google Talk 的质量评级将如何，
还有谷歌是否会在俄国开一家新的办公室等的问题。这类似于体育

的博彩市场，因此玩家有强烈的动机去预测正确的结果，他们的预测越接近真相，他们赢的就越多。谷歌员工没有用真钱来参与竞猜，但是如果猜赢了的话会得到一些奖励，因而参与者的竞猜热情也比较高。我的同僚罗宾汉森注意到，这些企业内部的预测市场在预测最后真实的结果方面做得非常不错，甚至比公司的管理层猜的结果还准。当有了奖金奖品之后，人们就不易受个人情绪或自我意识的影响，因此就得以更接近真相。那么是什么因素影响了这些人在这些预测市场的投注方式呢？考吉尔研究发现，影响任何一个人投注方式的最大因素就是与他/她坐得最近的那个人：

> 员工坐得近，他们对某些特定话题的看法也是相近的。空间上的接近是我们所研究的最重要的接近的形式……员工之间意见的相近程度随着在同一层大楼里他们之间距离的拉开而降低……在不同楼层的员工，他们之间的意见差异与在不同城市的员工没有差别。在我们研究期间，谷歌员工频繁搬动(在美国他们平均每90天搬一次)，因而我们也得以用他们搬动的事实来表明我们的结果不仅局限于那些坐在一起、意见相近的人们。

因此，在存在奖励的案例里我们看到了意见一致的真实证据。空间上的相近决定了你在谷歌预测市场里的竞猜行为，这似乎某种程度上是因为靠得近而驱动了信息的传播。员工们比较容易参与小团体的谈话，讨论隔间墙以外的人对 Gchat 漏洞修复的看法。无论是在谷歌，还是在世界上的其他地方，坐在一个信息灵通的人旁边都可能是一个好主意。

短期的民意实验几乎找不到思想从众性的证据，而在谷歌数周的竞猜实验中我们找到了更多的证据。我猜想思想的从众性长期来说比短期更强，因而如果某个人有一些智商高的或是民主党或是反战的邻居，随着时间的推移，一般人的思想都会略微地向他的邻居靠近（他们也会向他靠近）。不过这是我基于在很多其他领域多次的从众实验发现的而不是从任何公司的实验中得到的证据所得出的结论。当你在生活中的很多方面都看到同一种社会趋向时，你很自然地就会相信这种趋向——从众心理——可能也会出现在这个方面。如果某次选举也会出现如前面所说的纸上哪条直线最长的情形，我们确认阿希的从众效应将会影响着选举结果。

智者治国

"如果一个国家指望无知的同时又拥有自由，在文明的状态下，这个希望从来没有也将永不会实现。"

——托马斯·杰斐逊（Thomas Jefferson）

詹妮弗·霍克希尔德（Jennifer Hochschild）是政府和哈佛大学非洲与非裔美国人研究专业的一名教授，在一篇颇具争议的文章中，她写道：

> "如果公民接受全面的教育，拥有较丰富的政治知识，那么民主制度将会繁荣兴旺。教育水平与人的修为、支持公义及公民参与等有关联；政治知识对前瞻性投票很重要，对回顾式投票也很有利。这些都是有丰富的历史实践经验作为强大支撑的。民主化就是向最不想做民主政体下好市民的那些人普及公民权，这样的悖论具有规范性和实证性的双重意义。"

霍克希尔德试图分析其"标准性优势"，她总结道："持续普及公民权，使没有认知准备的人参与到民主政策中来，这确实要花费一定代价；但是民主化所带来的收益大于这些代价。"对于普及选举权的价值，不是所有的学者都得出同样的规范性结论。在政治哲学领域，"智者治国"——由知情者治理国家——的话题在过去几年又再次兴起。来自乔治敦的哲学家杰森·布伦南（Jason Brennan）是这一领域的领军人物，他主张不但要限制无知选民的选举权，甚至应该剥夺他们的选举权。布伦南认为民主政体下的公民，无论是受过良好教育的或者是受教育程度极低的，都应该由善于管理的人去管理。而且有关选民知识的调查反复证明，一些选民总是比其他选民知道得更多。如果人们确实有被知道得更多的人去统治的权利，那么他们就要在这两种权利之间有所权衡：选举权和被知情公民管理的权利。

最后，引用杰斐逊写给乔治·华盛顿的信中的一段话——这段话也被写在国会图书馆的墙上：

> "只有自由掌握在人民的手中，并且人民都受过一定程度的教育，我们的自由才可以保持下去。"

现在，我们还是把道德争论留给哲学家们吧。作为一个经济学家，我可以预言：如果一个国家可以找到有效提高选民知情水平的方法，那么长期来说，这个国家就会变得更加市场化，更加包容而且更加繁荣。

团队的 O 形环
理论

Hive Mind

How Your Nation's IQ Matters
So Much More Than Your Own

团队的 O 形环理论

　　1986 年，挑战者号航天飞机在升空后不久爆炸，七名航天员全部罹难。这次爆炸事件是由飞机的一个密封火箭推进器缝隙的 O 形环———一种橡皮筋———的失效引起的。这种 O 形环就是一种密封垫片，像水龙头中的密封圈一样，来保证火箭的燃料不会泄漏。发射的那天天气过冷，O 形环变得过于僵硬而失去了密封的作用，导致燃烧的火箭燃料产生泄漏，加热了航天飞机外部巨大的燃料箱，最终导致了致命的爆炸。一个 O 形环的失效导致了七名航天员全部罹难的惨痛后果。人们在这些灾难和其他人命代价，例如战争、医院及大规模流行性疾病等的背后，发现最微小的失误往往会导致最巨大的损失。

　　哈佛大学经济学家迈克尔·克雷默（Michoel Kremer）认为 O 形环的故事是一则悲剧，然而他的发现远不止于此：他找到了能够解释为何某些国家工人的生产效率比另一些国家同类型工人的生产效率高那么多的原因。克雷默的 O 形环理论假设某些项目就像那架航天飞机一样——任何一个细小的瑕疵都可能导致灾难性的结果，然后他证明了"O 形环经济"跟我们所处的世界非常相似。克雷默的理论能够解释为什么顶级律师事务所的门卫及行政助理能比普通律师事务所做同样工作的人赚得更多；为何不同的国家之间工人的平均水平差别不大，生产效率却有巨大的差别；为什么富裕国家能比贫穷国家生产出完全不同的产品。

假设一家生产花瓶的公司，生产一个花瓶需要两名工人，一个负责生产一个负责包装。如果有一个人打烂花瓶，那么他们的努力就白费了。因此假设每位工人打烂花瓶的概率为 1%，那么他们成功的概率大约就有 98%。然而，如果每人打烂花瓶的概率为 50%，那么他们成功生产出一个花瓶的概率就只有 25%。显然，只要技术熟练的劳工不是比普通工人贵很多的话，老板都喜欢用技术熟练的工人。

克雷默发现，许多现代经济的运作方式就跟这家生产花瓶的公司一样：计算机芯片有任何微小的瑕疵就会完全报废；衣服车线如果出现小差错就只能放到折扣店打折出售。在 O 形环经济里，俗话说的是对的：链条的强度是由它最薄弱的环节决定的；一颗钉子的缺失能够导致一场战争的失败。但是克雷默不只是给出这些明显的例子来得出他的结论。也许最重要的一点是，企业主最终将自然地——通过"看不见的手"——把技巧高的工人集中到最值钱的项目上，而把技巧低的工人集中到没那么值钱的项目之中。技巧低的工人工资更低，因为他们的产出更低。然而最后他们的产出不只会低一点，而是将会低很多。我们还可以更大胆地假设一下，就算是在由只想迫使工人尽可能提高产出的独裁者所统治的经济体也会做同样的事情：将技巧高的工人集中到一家企业，将技巧低的工人集中到另一家企业。

我们再来看看花瓶公司的例子：假设有上面两种类型的工人，每种类型都各有两人。类型 Hi 的工人一定不会打烂花瓶，而类型 Lo 的工人会打烂一半的花瓶（我肯定是属于类型 Lo，至少第一天会这样）。因此总共有四名工人，两组各两人。如果独裁者将工人分成两组，每组都是由一个 Hi 类和一个 Lo 类工人组成，那么每组的成功率都是 50%——Hi 类工人从不打烂花瓶，而 Lo 类工人会打烂一半。

相反，如果将 Hi 类工人都分到同一组，将 Lo 类工人分到另一组，将会发生什么呢？你会从 Hi 组得到 100% 成功率的完美表现，而 Lo 组只有 25% 的成功率。Lo 组的表现听起来很糟糕，但这不是我们的重点。重点是一旦我们将四名工人分为 Hi 类一组，Lo 类一组，他们的平均成功率会由之前的 50%上升到 62.5%（100%和 25%的平均值）。独裁者为了追求尽可能多的花瓶，最终只会像以利益为中心的资本家那样做出同样的选择：将技巧更高的工人分成一组而将技巧低一些的工人分成另一组。现在将蛋糕做大，就可以分享得更多。

经济理论家可以用一句话概括克雷默的研究成果：

生产的策略互补性导致工人技能的重新调配。

但对于克雷默的发现，一些经济学家也可能得出这样的结论，例如"那是一个很脆弱的 O 形环理论"、"很明显，那只是一个方面。既然一个错误可以耗费绝大部分的成果，这样可以导致企业不断地追求完美，又或者根本就放弃了尝试"。

举一个我们都熟悉的 O 形环理论在现代应用的例子：电影行业。为什么得奖的导演总是跟得奖的摄影师，还有优秀的作曲家，如埃尼奥·莫里康内（Ennio Morricone）、约翰·威廉姆斯（John Wiuiams）及汉斯·季默（Hans Zimmer）等一起合作呢？为什么最佳跟最佳、而普通跟普通合作呢？也许只是自我意识作祟，但至少有些时候肯定是因为制作公司——这个游戏的投资方——坚持要著名导演搭配著名摄影师而不是导演在电影学校校友。在这个行业的低端位置的制片人不会想"这部电影可能只在有线电视网播出，但如果我能和顶级作曲家合作或者可以让工业光魔公司来做特效，那就可以把它变成一部两亿美元票房的卖座电影"。有线电视网制片人当然愿意和约翰·威廉姆斯合作，只要他的片酬够低，然而正常来说，对于一部小成本制作的电影，一个约翰·威廉姆斯的投入不可能有一个约翰·威廉姆斯的产出。尽管良好的口碑能保证收益翻倍，但是一百万美元乘以二是两百万美元，可能还不够支付约翰·威廉姆斯的片酬。

花瓶和电影的故事背后有更大的启发：O 形环思维让我们打破常规，将我们推向几何级数——一个小数的翻倍仍然是小数，但是两个小数都翻倍，然后再将他们相乘，就可以得到一个大数。不是说一个差的配乐就会完全毁掉一部伟大的电影，但是比如说一项差的分数让《阿凡达》的销售减少 2%，那么詹姆斯·卡梅隆（James Cameron）就损失超过两千万美元的票房收入。这样在配乐上的节省，就如本杰明·富兰克林说的那样，因小失大。

O 形环效应产出的产品是脆弱、易损的。当然，它的产品不一定得是物理上的有形产品。正在处理十亿美元级别的企业并购案件的律师可能就面临着 O 形环效应，任何一个排版错误都可能导致高达一亿美元的诉讼；还有，如果你要接受打开心脏的外科手术，那么召集最好的护士、最好的心脏病专家、最好的麻醉师来做手术将是一个好主意。然而，例行的阑尾切除手术就很少看得见这样的组合。我们都说要"最好的医生"，但是最好的医生时间是有限的，他的时间最好让他作为高效团队的一分子、用在更重要的外科手术上。最好的精英聚集在一起组成最好的团队，最好的团队将产生巨大的效能——更成功、更快速、更安全。

当生产过程更加复杂的时候，O 形环理论的力量甚至会更加明显，因为链条的环节越多，它就越容易折断。在《星际迷航Ⅲ：寻找斯波克》（又译《星际迷航 3：石破天惊》）中：企业号飞船正试图逃脱另一艘联邦飞船的追击。企业号上的工程师斯科蒂不久之前刚从追击飞船上回来。当企业号跃升至曲速飞行时，追击飞船也想照做，但却在一阵噼啪声中停了下来。回到企业号的斯科蒂从口袋里掏出一个电子装置，对柯克船长说："他们越是铺设更长的管道，就越容易堵住排水。"生产链越长，就越容易断开。

从数字上证明链条越长越容易折断比较简单：1/2 的平方等于 1/4，而 1/2 的十次方几乎等于零。在较长的生产过程中，确保每一步都不出差错这一点很关键。如果你笔记本电脑的电池、屏幕以及其他八个关键部件不出错的概率为 99%，那么你拥有一部能正常工作的笔记本电脑的概率仅为 90%。生产链条越长，风险系数就越大，因此寻求哪怕是稍微更可靠一点的工人就更有必要了。

当然，O 形环理论并不适用于所有领域。有时候你只需要投入足够多的人力工时，某些问题就会得到妥善地处理——比如修剪草坪，或者日常的准备晚餐，或者一般的离婚文书工作，或者批改作业。然而尽管 O 形环理论不是任何地方都适用——我会在下一章讲到，但它仍然是个很普遍的现象，特别是在经济前沿。

O 形环的证据

O 形环理论向我们展示了工人细微的生产率差异会给团队的构成、成果以及绩效带来巨大的改变。这个主题的最佳数据来自美国的工厂：高产出工厂的工人比低产出工厂的工人收入高。这不足为奇，如果你想要增加产能，你可能得花钱去雇用一些高素质的工人——更守时、更注重细节、更具团队精神的工人，而掌握更多技能的工人薪水通常也更高。在一份经典报刊中，经济学家戴维斯（Davis）和霍尔蒂万格（Haltiwanger）写道"员工之间多种形式的技能互补最终将导致技能在企业间的重新分配"，最后技巧娴熟的工人因此将会被分配到同一家企业。

在团体项目中，当最好的工人搭配最好的工人时，我们可以看到更多的产出，其中另一个原因是：无论顺境逆境，他们都互相鼓舞，互相激励。人总会关注自己身边发生的事情，并且会下意识地效仿他所看到的行为。更重要的是他们会很快有所效仿，而使研究人员可以及时看到他们的行为。有一个关于这一主题的经典研究把目光放在了杂货店的收银员身上。由于电脑记录了每次收银行为的每一步，包括哪个收银员用哪台终端机收银；因此我们很容易看到哪些收银员比其他人更有效率，谁用时更长，谁做得又快又好。你可以想象杂货店在乎这些信息，事实也确实如此。

　　但是伯克利经济学家亚历山大·马斯（Alexandle Mas）和恩里克·莫雷迪（Enrico Moretti）对数据进行了其他的探讨，他们想看看当这些收银员跟优秀职员一起当班时是否会变得更有效率，而跟差等职员一起当班时效率是否会变得更低。不出意料，一般职员的效率随着实验的设定而升降。当与比平均水平高出10%的职员一起当班时，一个职员的效率也会提高1.5%。然而，研究人员想看清是什么因素激励了他们。是看到更好更高效的职员重要，还是被这些更好的职员看到更重要？研究人员熟悉杂货店的设置，他们可以看到这一点：每张收银台都是定向的，因此这些职员在工作时只能朝一个方向看，研究人员也知道这些职员在哪一条道上。因此他们提出了一个简单的问题：他们是否会受到坐在他们身后的工人的激励。答案很明显：是的。如果有一个效率更高的员工在看着你，你自己也会变得更有效率；而如果有一个效率较低的人看着你，你可能就会懈怠些：被什么人看着很重要。当谈到生产率的时候，眼睛就是生产率。

　　也许大家都不会觉得奇怪，每当与更强的选手在一起的时候，游泳和跑步等所有类别的运动员都可能会训练得更积极一点。不管你有没有意识到，旁边的人游得比你快的话，你可能也会游得更努力些。另外，这样的现象不仅在杂货店可以看到，在另一个关于水果挑选工人的调查中也发现了同样的结果，还有一些室内实验也在大学生身上有类似的发现。

这意味着一个员工的产能哪怕只是更高一点，都是宝贵的。不仅因为他自己会带来更大的产出，而且他也会让他同事的平均效率有所提高。对比作为工人产生的贡献，他对其他人产生的激励作用尤为重要。记住，在一个团队里，我们每一个人都对其他人有潜在的激励作用。因此，团队越大，激励的边际效应越大。

当然，掌握更多的技能很关键，而其中只有一部分技能可以通过智商测试显示出来。学术管理研究人员通过数十项研究，试图找出平均智商更高的团队是否比平均智商更低的团队产出更高。社会上已经有够多关于团队智商是否可以预测团队生产力的实验数据，心理学家丹尼斯·迪瓦恩（Dannis Devine）和詹妮弗·菲利普斯（Jennifer Philips）对这些数据进行了分析，试图找出两者之间的联系。结果不出所料，二十多项的研究数据均显示，团队的平均智商的确可以预测团队的生产力。平均智商的作用，在真实的、类工场的实验中相对较弱；而在正式的心理学实验中相对更强。此外，团队的平均认知技能似乎更重要，尽管差别不是很大。我推测，无论是高智商、低智商或是一般的团队，智商所发挥的决定性作用随着任务的不同而不同。根据 O 形环理论，环节越复杂，团队最弱成员的智商分数就越关键。例如，如果每位成员都要参与，那么每个人的技能都很关键。相比之下，如果是团队对抗赛，比如下棋，那么只需找出团队中谁最擅长下棋并让他主导就行了。

心理学家克里斯托弗·查布里斯（Christopher Chabris）和合作者从另一个角度来看团队合作，他们试图找出团队合作中是否存在达·芬奇效应——一个团队在某项任务比如西洋棋中做得好，那么他们倾向于在其他任务，比如智商测试中也做得好。他们的确发现了团队里的达·芬奇效应，他们称为 C 因子，或 G 因子。什么因素可以预测出哪个团队做得更好呢？最关键的两个因素是，团队成员日常的沟通是否顺畅，还有成员在解读其他成员情感的测试——一种情商测试——中的表现。不管如何，普通团队成员和高得分团队成员的智商水平可以显著预测团体智慧，而在实际生活中团队绩效的差别有超过三成的原因是由于个体智商的差异造成的。

O 形环理论与同伴效应

团队生产率与团队智商之间的联系如此紧密，我们应该过滤掉理论经济学家和心理学家的看法，看看工作中除了同伴效应和 O 形环效应之外还有什么。近年来在经济理论界有两种颇具影响力的观点值得我们关注：一种是由加州大学圣地亚哥分校的乔尔·索贝尔（Joel Sobel）和文森特·克劳福德（Vincent Crawford）提出的廉价交谈理论，另一种是由斯坦福大学的马修杰克逊提出的内源性网络信息理论。

杰克逊的网络理论认为，某些人际关系明显比其他的人际关系更有价值，而建立这种人际关系的代价更高。更重要的是，他还发现在很多情况下，和已经拥有庞大关系圈的人建立联系的意义非凡。当你在学校交新朋友或者管理一家大公司时，情况都是如此。无论从个人层面还是职业层面，人际交往都很重要。企业管理人员需要交际来保持公司运作，学生需要交际来赶走内心的寂寞。说到关系圈的价值，很明显认知技能是建立良好关系圈的关键因素。记得远方亲友的名字，能想起某次某家公司在最后关头找某人供应某种特别的硬盘，能分辨出卡洛斯在会计方面的资历刚好符合马乔里寻找的副总裁标准——这些技能在高智商的人群中更为常见。智力是一种社交智能，这意味着测试分数高的工人组成的团队可能即便不是绝对的——擅长于建立更有生产效率的网络，擅长在网络内部准确传递信息和擅长找到创造双赢结果的可能性。

我们来看看"电话"游戏。一群孩子围成一圈，第一个孩子在他右边孩子的耳边轻声说一段略为复杂的话，比如"小猫星期天下午五点去看兽医"。下一个小孩要向他右边的小孩低声复述他所听到的话，以此类推，小错误不断累积，到最后等这句话传回第一个小孩那里时居然完全变了样。企业、政府机关、非营利性机构每天都在上演着这种"电话"游戏。我个人喜欢看到有关高智商团队是否比平均智商团队更擅长玩"电话"游戏的研究。在学术文献里的这一点上，既然我们都知道工作记忆可以很好地说明一个人的智商，那么我们完全预料得到最后结果将是怎么样的了。

这些发现能够帮助我们建立成功的组织。社会学指出，在一个组织内部，非正式的关系网跟正式的组织架构图一样重要。事情的顺利完成有赖于健康的关系网、健康的文化和健康的信息传播方式。通过实验室中的团队实验和日常生活中最有生产力的公司总是倾向聘请最有技巧的工人的例子，我们看到了人力资本与企业的成功之间的关系。马修杰克逊的信息网络理论让我们想起非正式网络就好比篝火一样：每块炽热的柴火都加热了其他的柴火。网络会使智商产生乘数效应。

廉价谈话

这一章涵盖了能够解释为什么测试得分高的团队更具生产力的经济学理论。到目前为止，通过所有的事例，无论是经济学还是心理学的实验，我们都有很好的理由相信智商测试分数与团队合作成果之间存在紧密的联系：记忆广度、社交智能和模式查找在现实生活中可能都是关键的技能，虽然不同的技能在不同的情境中所发挥的作用也不一样。带着这个最后的理论，我挑战极限，引出信息经济中最重要的发现之一，同时还将其进行了拓展，希望将来的研究人员能够证明团队智商这个新古典的设定中能起到关键作用这一结论。这个发现就是廉价交谈，我们在生活中经常遇到。

人们经常会问，"他想要什么为什么不说？"这样的问题会出现在两人的约会当中、政客的谈判当中、雇员向上司汇报工作当中。索贝尔和克劳福德总结出他们之间谁会清楚表达自己的意思、谁会说得让人听不明白、谁只会喋喋不休地说一些无意义、无关紧要的话的一般性规律。大体上是这样的，有 A 和 B 两个人，他们之间或许有共同利益，也或许没有。A 向 B 发出一条信息（如"今晚八点我们一起吃饭"），而 B 采取另一种行为（跑去看电影），然后游戏就结束了。这就是单次博弈，不像我们前面看到的重复博弈。然而 A 没有什么办法可以约束 B 的行为。这样 A 给 B 的信息就是廉价交谈，只是一种闲聊，而不是一种有约束力的契约。

当两个人有更多的共同利益时，结果将会很明显。比如说他们都支持世界杯的同一支球队，这样 A 就会向 B 表达得更加清楚。但如果他们没有共同兴趣，比如说素不相识，或者他们的国家正在交战，那么 A 可能就会对 B 胡言乱语。一般人看来，一个人说的话听起来像是他所想要表达的意思，但是今天说的话跟明天做的事实际上没有什么关联。索贝尔和克劳福德证明，即使两个人有很多的话要说，一个跟 B 有很少共同利益的理性玩家 A 只是传达了他所处理信息的一部分而已。他的话将会显得古板、生硬。

在发达国家中我们经常可以看到政治人物这样说话：一个参议员只会有几种"政策立场"，他在别人眼中的形象可能是"谨慎"、"保守"或"进取"，或者其他少数的几种。即使他们可以对莎士比亚、中国历史或者马拉松的训练方法侃侃而谈，而一旦回到他的参议员身份中这种博识马上消失，他只会说一些陈词滥调。他们这样说有部分原因是因为选民们最容易记住这些，选民们通常不太会关心政治，所以这种"品牌策略"很重要；另一部分原因是因为这些话是他向各党派的参议员发出的信息——他将要怎么做，他的选民是什么想法，他参选总统的民调如何。他和每一位参议院同僚的目标和抱负都不完全一样。因此，任何人都知道，对他所说的每一句话都得持有所保留的态度。事实上，总结索贝尔和克劳福德的发现就是：当处在任何形式的短期交互的两个人产生利益分歧时，双方都知道对对方的任何表述都理应采取有所保留的态度和相应的行动。一篇不会被发表的文章写得再长也没有意义。

到此为止，两个人的技能——他们的智商、工作记忆、或者其他你想得到的，还根本没有起到作用。的确，在索贝尔和克劳福德的模型里，玩家的技能没有出现。但我还是认为，平均测试分数更高的人更有可能将冲突转化为合作。如果两个人无法将他们之间的冲突看成双赢结果的可能性的话，这将是一个悲剧，谁也赚不到钱。两个相当聪明的人离婚，当面临如何分割共同财产的问题时都将面临零和游戏的局面。很显然，在谈判的过程中，双方都不会轻易地亮着自己的底牌。但是，除了记忆策略，除了回想以前的一些模糊事实的策略，还有谈论双方之间还有共同利益的策略——"在我们两家房子之间有一家日托所"、"这家公司如果我们分割财产的话不会增加费用"、"我在网上看到了一份工作我觉得可能适合你"。这至少都是我们建立双赢思维的机会。

智商高的人不比其他人更友善，现代的人格测试告诉我们他们不是这样的。他们的记忆技能和其他特质让他们更容易找到达成共赢的方法。如果在实验室和现实生活中不是这样的话，那真让人意外。如果一个纯冲突的博弈，慢慢转化成一个有共同利益

的博弈，根据索贝尔和克劳福德的理论，共同的利益会促进他们
之间的顺畅沟通。

亚当·斯密的大头针工厂：团队合作

如果你以前没有读过亚当·斯密的书，现在就是一个很好的
机会：读一读他在 1776 年出版的第二本书《国富论》的第一章。
只有几页长，介绍了大头针——扁头的小图钉，不是螺丝钉，也
不是木衣夹——的制作过程。在这一章中，亚当·斯密展示了分
工的力量，通过将制造大头针的过程分成切割、针尖磨尖、整头
磨平等六个不同的步骤，一个小团队每天也能创造巨大的产出。
相反，如果让每个工人（假设都是男性）去完成所有的步骤，那
么他们一天完成不了几枚大头针，而且质量还比较差。通过分工，
工人的生产效率可以大幅提高。

不同的经济学家对亚当·斯密的观察发现有不同的解读。例
如，马克思看到的是工人被剥离了生产流程这一事实。第二种解

读是看到了一个 O 形环效应，一个差的工人意味着每天生产出大量的次品。第三种解读是看到了一个有才华的工人激励了其他工人更加努力的同伴效应。一个记忆力好并且能记住大家名字的工人可能也知道某个部门的某个人擅长做某项工作。生产是一个团队合作的过程，一个拥有高于平均水平的记忆力、社交智能、工作技能的团队的产出要远高于哪怕只是稍差一点的团队。

但是这一章的背后还存在一个疑问，既然高智商的团队能创造巨大的产出，那么为何在一个国家里，高智商工人的收入只比低智商工人略高一点呢？就算按市场产出的一半支付工资，高智商工人不是也应该赚得多得多么？智商与工资之间的弱联系是否说明智商没有那么重要？或者说 O 形环效应没那么重要？在下一章中，这些疑团将会被一一解开，同时我们也会看到来自发达国家、有特殊技能的移民为什么会大受欢迎的原因。

CHAPTER 09

对替代品及移民
经济效益的探索

Hive Mind

How Your Nation's IQ Matters
So Much More Than Your Own

O 形环的故事可以解释很多事情。如果真实世界的生产流程总是那么精密，即任何微小的瑕疵都会导致整个价值的崩溃；且如果一个国家的工人被分为高技能和低技能两种，那么低技能的报酬将只有高技能的一小部分——由于技能不同而造成的报酬差异现象将大量存在。但从导言部分开始我们就看到，一个国家给予智商、测试分数、或其他传统技能等级的报酬不是那么高。根据克雷默的精妙 O 形环理论，生产流程必须抓住一些重要的东西，但这不是理论的全部。如果 O 形环理论是真的，那么整个生产流程中所有环节同等重要，低技能工人所胜任的工作与高技能工作一样，就应该获得同等报酬。那么这些工作看起来像什么呢？

关于这个问题，主流的经济学家有个非常漂亮的解释。经济专业大学一年级学生都学过的基础经济模型告诉我们，技能稍高的工人只能获得稍高一点的薪水。这一模型就是柯布道格拉斯生产函数（Cobb-Douglas production function），我更愿意称为经济体的"简单区"。数年前，我在一篇文章中设计了一个数学模型。该模型阐述了在经济体中有一部分是 O 形环式的，对团体技能要求甚高；也有一部分是简单的，对技能要求不高。该模型是现实经济的高度概括，有助于解释为什么在一个国家中智商高分的人只比平均分的人多赚一点点，但高分国家却可以比平均分国家赚得多。同时，该模型也可以解释为什么"高分"池塘里的"低分"鱼很幸福。

O 形环工作与简单工作

世界上有两种工作：严格的 O 形环工作和粗糙简单的工作。O 形环工作我们之前已经举过例，如生产显微镜、两个巨无霸公司合作以执行一个宏大的计划。简单工作就是把人召集到一起就能完成的工作，如生产价格为 10 美元的手表、书写常规离婚文档，或者修建郊区的草坪。

O 形环工作占据经济的统帅地位，例如高科技农业技术和尖端医学，而简单工作就像广阔的平原，如自给自足的农业或常规的血压检查工作。O 形环工作可以让顶尖人才改善我们的生活，而简单工作可以收拾整理混乱，并且提供大量的就业机会。两者最大的区别在于：在 O 形环工作中，如果薪资相同的人多了一倍，产出就必然多一倍；而简单工作意味着人越多，产出会相应衰减，薪资也相应地下降，下降，下降。

想象一下，有那么一个"克隆国家"，所有工人的技能完全一致。这虽然过于简单化了，但对于我们的理解却很有帮助。在这个国度，人们是如何决定选择 O 形环工作而不是简单工作的？市场的无形之手是如何推动工人朝一个方向发展的呢？答案就是一价定律（Law of One Price, LOOP）。一价定律认为，只要两件商品完全一样，人们会选择便宜的那件；如果两份工作完全一样，人们会选择报酬高的那份。一价定律的道理看起来很清晰，却隐含了一个暗示：如果人人都遵循一价定律，那么，贵的商品将无法销售，报酬低的工作将没人愿意做。所以，或高价商店降价，或低价商店涨价，或者两者同时进行。你可能会想到现实世界存在的各种例外的案例，但一条街上所有加油站的油价相差可能只有几美分，这可不是政府指导价造成的。如果它们的差价超过几便士，人们就会选择最便宜的那家。一价定律并没指出高价商店应该降价或低价商店应该涨价，因为每个案例都情况各异。但只要商品（如劳动力服务）是在开放的市场发售的，且只要购买者（如雇主）可以自由选择供应商，一价定律就不应该被忽视。利己主义这个无形之手会将价格推到相同的位置。

同样的情况也发生在 O 形环工作和简单工作中：如果两者的薪资有明显的区别，人们会跳槽到高报酬的工作，造成无人问津的那些工作的薪资上涨，蜂拥而至的工作薪资则会下降。如果所有工人的技能都一样，那么问题来了：普通工人的薪资多少才合适呢？一般情况下，一切由技术决定。如果 O 形环工作高产出，人们必然更热衷于此，只有少量落伍者从事简单工作。毕竟简单工作意味着产出衰减。如果大量的高技能工作出现，O 形环工作的薪资水平则会稳定下来。

如果平均工人技能发生了改变，上述情况会有什么改变呢？如果 O 形环工作基本上是高产出的，但你们国家目前却没有高智商人员或高等教育怎么办呢？工人最终会如何选择呢？大部分人会选择简单工作，即常规性、简单的工作。做 O 形环工作的公司招募到技能一般的工人的话，将是一场灾难。打个比方，生产飞机或电脑芯片的公司将面临无休止的质量控制和返修，工作将变得毫无技术含量：即更加常规性的简单工作。稍低点技能的工人也可以做 O 形环工作，只是产出有限。由于薪资是由产出决定的，稍低技能的工作将涌向简单工作，导致整个薪资水平下降至 O 形环工作的低平均水平。

这就是 O 形环—简单模型的首要预测：如果对比不同技能水平国家的话，你会发现高技能国家的大部分工人选择高端的 O 形环工作，只有小部分人选择常规性的守旧工作。O 形环—简单模型的第二个预测是如果有技能稍低的工人移民到了一个高技能国家，那么将会发生什么事。这是目前富裕国家常见的议题，即低平均技能国家的低技能移民将对 O 形环—简单模型产生什么样的影响。

在最简单的案例中，这确实不会造成太大的改变。在 O 形环工作中，低技能工人是高技能工人的可怜的替代品，而在简单工作中，高低技能工人确是对方的替代品。在简单工作中，五名优秀律师能处理一打常规离婚案，或者七八名普通律师也能做到；八名优秀的收银员能胜任结账工作，或者十名智商平均的收银员也能完成该工作。在这种情况下，一价定律及其姐妹定律——绩效工资就起作用了，普通收银员比优秀收银员的收入就会低一点。在真实情况下，这种差异会通过优秀员工的奖金、升职及加班费等方面体现出来。不管怎么样，该区别相比于低技能工人从事 O 形环工作的区别要小很多。

所以，低技能工人会选择简单工作，那么普通工人呢？他们的薪资是否会由于竞争而变低？在上述模型中是有可能的，在真实世界中也有可能发生。还有一种可能值得我们关注，就是真实世界中循环发生的经济现象——一价定律，即多余的低技能工人会把普通工人推到 O 形环工作区。低技术移民不会导致普通工人失业。相反，低技能工人会将普通工人推到 O 形环工作的位置。原因很简单：高技能工人可以胜任 O 形环和简单工作，一个可以向全球销售产品的优质经济体，一定会为高技能工人提供一定的就业机会——增加一条生产线或多建一家公司。在我的简单模型中，上述变化快速有效地发生着，但现实世界不完全这么简单，所以我们拭目以待，看看数据驱动型经济学家关于低技能工人移民对本地市民长期影响的研究结果。

从直觉上讲，简单模型有简单的预测作用：只要还有 O 形环技术，同时该技术的产出不会衰减，且高技能工人一定会带来高产出，高技能工人还要同时任职于 O 形环工作和简单工作中；这样，低技能工人的增加不会影响高技能工人的薪资，同样也不会影响低技能工人的薪资。增加的低技能工人会把高技能工人推回 O 形环工作中，一价定律依然有效。

当然，由于真实世界中，低技能移民往往来自绝望、贫困、低生产率的国家，虽然在移民国家他们的收入低于普通工人，但也远远高于在本国的收入。O 形环—简单模型对此的解释是：在技能普遍偏高的国家，大部分人从事 O 形环工作，从事简单工作的人相对比较少，所以产出衰减比较小。但回到这些移民的低技能的祖国，大量的工人涌入简单工作，劳动力竞争及产出衰减迅速拉低工资收入。在富裕国家，简单工作包括保洁、家庭健康护理、做饭，但在贫困国家往往是维持生计的农活，除了那些危险矿区、小零售商店的工作以外。O 形环—简单模型可以解释为什么国家之间的平均技能差异影响巨大，但在一个国家内影响却不是很大；同时也揭示了为什么低技能工人移民到高技能国家后收入大大增加。O 形环—简单模型的潜力巨大。

低技能移民如何（可能）拉低薪资

如果低技能移民占据了所有的简单工作，将会导致什么事情呢？我们将回到经济学中的常识：劳动力供应的增加导致国内低技能工人的薪资下降；同时额外增加的低技能工人必须相互竞争。他们不能将技能更高的工人推到 O 形环工作的位置，因为所有高技能的工人都已经从事 O 形环工作了。所以，适度的低技能移民对本土劳动力不造成影响，但过量的移民将与本土工人形成竞争关系。

顺着模型的指引，我们来看看相关的证据。先看看低技能移民对经济学家口中所谓的"本土"劳动力薪资造成怎样的影响。在富裕国家，尤其在美国，低技能移民对本土居民薪资不造成什么影响。最悲观的学术研究来自哈佛经济学家乔治·布加斯（George Borjas）及拉里·凯兹（Larry Katz），他们指出，低技能移民造成美国高校毕业生薪资下降了 8%。这是笔不小的数目，如果我的工资少了 8%，我会很伤心的。但请记住，这已经是最悲观的估算。更加普遍的情况是零影响或接近零影响。也许经济学家奥塔维亚诺（Ottaviano）与佩里（Peri）是对的，他们认为低技能移民实际上拉高了本土美国人的薪资。在奥塔维亚诺与佩里关于劳动力分配的思想中：最近的低技能移民中有一半英语技能相对较弱。作者认为，由于各种各样的原因，如"语言能力、量化能力及交际能力等"的差异，他们实际上是无法和本土美国人形成直接竞争关系的。因此，受非英语母语移民浪潮影响的美国人一般都是上一批非英语母语移民。新移民和旧移民成为彼此的替代品。非英语母语者需要相互竞争，但美国出生的说英语的人，哪怕能力一般，也不需要直接与非英语母语者竞争，因为人力资源市场上有足够的岗位提供给他们。

这就是奥塔维亚诺与佩里的模型——和我的模型一样，但通过最近美国数据的测试，他们发现由于移民的原因，美国出生的市民可能提高了 1%。哪怕没有大学毕业的美国市民，薪资都提升了 1%到 2%。综上所述，奥塔维亚诺与佩里估计移民利大于弊。奥塔维亚诺与佩里的事实与模型相符，至少与最近美国的移民情况相符。布加斯与合著者批评了奥塔维亚诺与佩里的方法，他们对于移民的观点分歧很小，如果对比公众对富裕国家是否接受低技术移民的争议来说的话。

经济学家与移民：罕见的一致

大约十年前，美国数十名经济学家联名签署了一封公开信，支持更多移民入境。这封信触及了很多方面：低技能移民对美国本土劳工的薪资影响甚小，但这些移民却在很多方面帮助了富裕国家，虽然这些功绩没有出现在政府官方的统计数据上。最大的帮助在这些移民本身，他们以前可能在噩梦般的国家，赚着每天一美元的生活，但移民后却发生了翻天覆地的变化，包括生活质量、健康和安全方面。这封外交辞令般精心炮制的公开信在独立学院中传阅，从左到右都是经济学家们的签名。我一直都庆幸我也签署了这封信，它概括了对移民的承诺。一直以来都有必要提醒高生产率国家的市民，移民仍然是最可靠的提升低生产率国家人民生活水平的方法。相对于派遣医务人员和现金资助等方式，富裕国家的人民同意贫困国家的人民自由离开其生活的国度本身就是最大的帮助。经济学家们经过无数次实验试图找出是蚊帐还是学校可以改变贫困国家的现状，但没有人对以下论点有异议：

那些每天赚一美元国家的居民来到法国、德国或韩国后，生活大大改善。很明显，自愿迁徙是拯救贫困国家的药方。对于关心消灭贫穷国家的人而言，迁徙是最具潜力的办法。

可悲的冲突：自由移民是否削弱开明的政治

"问题的核心是一个国家到底可以承受多少低技术移民还保证其开明的政治。"

——泰勒·科文

低技能移民迁移到富裕、高生产率国家的经济情况非常清晰：移民自身的生活得到改善，但本土的低技能人民却没有受到很大的影响。短期内这是成立的，或者说在同一个国家的不同城市中是成立的。但更为重要的是，关于这一问题的研究全都没有考虑政治因素，它们都假设低技能移民不会影响高技能国家的政治生态。如果我们还记得前面章节的一些内容，记得布莱恩·卡普兰关于选民教育与选民信仰的研究，记得跨国研究成果指出高分国家预示着低腐败，记得"智者治国"的哲学辩论中认为开明政治依赖于知情市民的话，那么低技能移民带来的核心冲突在于：长期制度的可能（注意是可能）影响。低技能移民会投票反对正在享受的移民红利吗？低技能移民和他们的后代会建立更高层次的资本并提升作为选民的信息知情权吗？相应地，高技能移民可以带来长期、知情的议政吗？

上述重要问题没有被广泛研究，卡普兰则曾经提到过相关的内容：

"大部分的移民来自自由程度低于美国的国家……如果移民人数足够多，我们的民主政体会不会演变成这些移民拼命要逃离的制度？"

卡普兰坚持认为，来自自由程度较低国家的移民更乐于接受新国家的政治准则和世界观。有别于维持现状的偏见，移民更乐于遵循，至少适度遵循身边的新市民。但是他并不认为移民会完全遵循这个新国家：

"我的重点在于维持现状偏见不是完全否定移民来源国的政治主张的作用，而是这使得移民的政治外部性比看起来更正面。"

新移民以及他们的后代对他们新家园的政治体制有何影响的问题无比重要，因为政府是由人组成的。由于目前的低技能移民将来会成为世界富裕经济体的一部分，我真诚地希望发达国家能找到深入、有效的方式提升整个国家的人力资源、教育程度、智商测试分数，包括新移民。我们未来的希望在于此。

CHAPTER 10

诗歌与结语

Hive Mind

How Your Nation's IQ Matters
So Much More Than Your Own

结语

极具耐性的储户

高技能的团队成员

总体而言

深思熟虑的伙伴

思想开明

知情选民

都是优秀的合作者

虽有例外

但总体而言

皆为高效能人士

明智的伙伴

谁的技能与生产率关系最大?

这些年来，人们总是不断地问我一个问题，人类认知技能前5%到10%的人口是否比国家的平均技能水平更重要。对此我一直无解，直到林德曼与其合著者根据前面提到的 PISA 及 TIMSS 国际测试成绩，产生了每个国家顶尖人员的认知技能估算值。比如，他们估算了数十个国家前 5%人口的认知技能。林德曼的评估及相关的研究表明，社会精英的认知技能确实比整个国家的平均表现更为重要。

在体制质量方面，我和仆切夫基发现，认知技能前 5%的人口可以很好地预见"财产权友好"的体制，虽然整个国家的平均智商表现对于此的预测能力也不错。然而，值得我们关注的是，测试得分高的国家中前 5%的人口平均得分同样很高，所以统计学上全国的整体表现未必有很大意义。我希望将来的研究能回答以下问题：到底是哪个群体对经济的长期健康更为重要。我觉得有理由相信一个国家顶层人员的表现对于国家经济而言，比整个国家的平均表现更为重要。

同时，每个人都可以思考一下，顶层人员为什么比典型个体重要。是由于他们的示范效应吗？是他们高比例的报恩心态刺激了其他人在工作和政治生活中达成共赢的产出吗？上述问题都值得我们思考，我更希望你们可以马上动手去做。我们还可能做得更多。

提升国家平均智商的方法：值得关注的谜团

现在你可以看到在每个国家提升智商测试分数的重要性：智商测试中的表现影响整个人生。当然，提高整体认知技能与提高特定智商测试的特定部分的分数之间有着巨大的差异。测试不重要，技能本身才重要。如果有可能，我们应该探究可以提升每个国家整体认知技能水平的方法，不管是通过公共健康干预还是通过教育。让我们寻找可以产生达·芬奇效应的方法，而不是简单地提高某项技能，如算术或词汇。智商高分所带来的效益可能需要数十年才能体现出来，但是回报是巨大的。

全球弗林循环：值得奋斗的可能性

十多年前，当我开始研究国家智商问题的时候，很快我就发现，平均智商与国家生产率之间的紧密关系不能解释传统的"智商意味着薪水"的结论。智商对于国家比对个人来说更为重要。在我早期的研究中，我估计国家智商比个人智商重要 6 倍：你的国家智商比你的个人智商重要太多了。

智商的奥秘开始了我的研究之旅，历经拉姆齐的耐性理论、阿克塞尔罗德的操作理论、卡普兰的选举理论、克雷默的 O 形环理论、阿希的从众理论。上述理论都是智商的乘数，展示了你的邻居和市民是如何影响你的长期生产率的。更为重要的是，如果高心智技能可以提升生产率，而生产率可以提升健康，健康反过来又可以提升心智技能，那么智商乘数就成了弗林循环——细小的公共健康提升可以带来长期的生产收益。在低分国家，弗林循环周期有多长？就目前我们的知识水平来说，是否可以通过健康、营养及教育等手段，让全世界的智商达到东亚的平均水平呢？我现在无法回答，但这值得我们努力发掘。哪怕目前的知识水平只允许我们抚平国家之间的部分认知技能差距，这也值得我们马上动手。让我们开始吧。

数据附录

Hive Mind

How Your Nation's IQ Matters
So Much More Than Your Own

国家	CA	IQ
阿根廷	82	93
亚美尼亚	93	92
澳大利亚	101	98
奥地利	100	100
巴林岛	84	81
比利时	99	99
波斯尼亚	91	94
博茨瓦纳	74	71
巴西	82	87
保加利亚	93	93
加拿大	102	99
智利	84	90
哥伦比亚	81	84
克罗地亚	96	99
捷克共和国	100	98
丹麦	98	98
埃及	81	83
爱沙尼亚	102	99

国家	CA	IQ
芬兰	103	99
法国	98	98
德国	99	99
加纳	61	71
希腊	94	92
中国香港	104	108
匈牙利	99	97
冰岛	96	101
印度尼西亚	82	87
伊朗	83	84
爱尔兰	100	92
以色列	93	95
意大利	97	97
日本	105	105
约旦	86	85
科威特	76	87
黎巴嫩	84	82
立陶宛	97	91
马来西亚	96	92
马耳他	92	97

国家	CA	IQ
墨西哥	85	88
摩洛哥	71	84
荷兰	102	100
新西兰	100	99
挪威	96	100
阿曼	81	85
巴勒斯坦	80	86
菲律宾	74	86
波兰	97	95
葡萄牙	92	95
卡塔尔	72	83
罗马尼亚	89	91
俄罗斯	97	97
沙特	74	80
新加坡	105	108
斯洛伐克	98	96
斯洛文尼亚	99	96
南非	63	72
韩国	106	106
西班牙	96	98

国家	CA	IQ
瑞典	100	99
瑞士	100	101
叙利亚	81	79
中国台湾	103	105
泰国	90	91
突尼斯	81	84
土耳其	87	90
乌克兰	93	95
阿联酋	92	83
英国	100	100
美国	98	98
乌拉圭	88	96
也门	64	83

注意：

　　中间栏 CA 表示林德、赛勒及汤普森从部分国际性测试，如 PISA（国际学生评估项目）、TIMSS（国际数学与科学趋势研究）以及 PIRLS（国际阅读素养进步研究）中综合计算所得的认知技能分数；右栏 IQ 表示林恩与梅森伯格统计所得的国民平均智商分数。上述表格仅列出了两种数据都存在的国家。

　　两种数据的质量都有所不同，特别是在某些发展中国家，数据的采集只局限于小部分或者有限的一部分人，因而这些数据需要谨慎对待。正如莫顿·杰尔文（Morten Jerven）在他的《贫瘠的数字》（*Poor Numbers*）一书中所言，在衡量发展中国家的人均 GDP 时亦该如此。

　　资料来源：林德曼、赛勒和汤普森，《高分数的影响》；林恩、梅森伯格《国民智商的计算》；杰尔文《贫瘠的数字》。

英文参考文献

Hive Mind

How Your Nation's IQ Matters
So Much More Than Your Own

Acemoglu, Daron. "Why Not a Political Coase Theorem? Social Conflict, Commitment, and Politics." *Journal of Comparative Economics* 31, No. 4 (2003): 620–652.

Allison, David B., Jaakko Kaprio, Maarit Korkeila, Markku Koskenvuo, Michael C. Neale, and Kazuo Hayakawa. "The Heritability of Body Mass Index Among an International Sample of Monozygotic Twins Reared Apart." *International Journal of Obesity* 20, no. 6 (1996): 501–506.

al-Ubaydli, Omar, Garett Jones, and Jaap Weel. "Cognitive Ability and Cooperation in the Prisoner's Dilemma." Working paper, George Mason University, 2011.

Arrow, Kenneth J. "Gifts and Exchanges." *Philosophy & Public Affairs* 1, no. 4 (Summer 1972): 343–362.

Asch, Solomon. "Opinions and Social Pressure." *Readings About the Social Animal*, (1955): 17–26.

Axelrod, Robert M. *The Evolution of Cooperation*. New York: Basic Books, 2006.

Barro, Robert J., and David B. Gordon. "Rules, Discretion and Reputation in a Model of Monetary Policy." *Journal of Monetary*

Economics 12, no. 1 (1983): 101–121.

Barro, Robert J., and Xavier Sala-i-Martin. *Economic Growth*. Cambridge: MIT Press, 2004.

Barry, Bruce, and Raymond A. Friedman. "Bargainer Characteristics in Distributive and Integrative Negotiation." *Journal of Personality and Social Psychology* 74 (1998): 345–359.

Behrman, Jere R., Harold Alderman, and John Hoddinott, "Hunger and Malnutrition." Paper presented at the Copenhagen Consensus—Challenges and Opportunities, Copenhagen, Denmark, February 19, 2004.

Benjamin, Daniel J., Sebastian A. Brown, and Jesse M. Shapiro. "Who Is Behavioral? Cognitive Ability and Anomalous Preferences." *Journal of the European Economic Association* 11, no. 6 (2013): 1231–1255.

Bils, Mark, and Peter J. Klenow. "Does Schooling Cause Growth?" *American Economic Review* 90 (2000): 1160–1183.

Blinder, Alan S., and Alan B. Krueger. "What Does the Public Know About Economic Policy, and How Does It Know It?" National Bureau of Economic Research working paper, no. w10787 (2004).

Borjas, George J., Jeffrey Grogger, and Gordon H. Hanson. "Imperfect

Substitution Between Immigrants and Natives: A Reappraisal." National Bureau of Economic Research working paper, no. w13887 (2008).

Borjas, George J., and Lawrence F. Katz. "The Evolution of the Mexican-Born Workforce in the United States." In *Mexican Immigration to the United States*, ed. George J. Borjas, 13–56. Chicago: University of Chicago Press, 2007.

Bowles, Samuel, and Herbert Gintis. "Homo Reciprocans." *Nature* 415 (2002): 125–128.

Bowles, Samuel, Herbert Gintis, and Melissa Osborne. "The Determinants of Earnings: A Behavioral Approach." *Journal of Economic Literature* 39, no. 4 (2001): 1137–1176.

Brañas-Garza, Pablo, Teresa Garcia-Muñoz, and Roberto Hernán González. "Cognitive Effort in the Beauty Contest Game." *Journal of Economic Behavior & Organization* 83, no. 2 (2012): 254–260.

Brennan, Jason. "The Right to a Competent Electorate." *The Philosophical Quarterly* 61, no. 245 (2011): 700–724.

Buchanan, James. *The Limits of Liberty: Between Anarchy and Leviathan*. Chicago: University of Chicago Press, 1975.

Burke, Mary A., and Tim R. Sass. "Classroom Peer Effects and Student Achievement." *Journal of Labor Economics* 31, no. 1 (2013): 51–82.

Burkeman, Oliver. Review of "Scarcity: Why Having Too Little Means So Much," by Sendhil Mullainathan and Eldar Shafir, *The Guardian*, September 2013.

Burks, Stephen V., Jeffrey P. Carpenter, Lorenz Goette, and Aldo Rustichini. "Cognitive Skills Affect Economic Preferences, Strategic Behavior, and Job Attachment." *Proceedings of the National Academy of Sciences* 106, no. 19 (2009): 7745–7750.

Burnham, Terence C., David Cesarini, Magnus Johannesson, Paul Lichtenstein, and Björn Wallace. "Higher Cognitive Ability Is Associated with Lower Entries in *p* Beauty Contest." *Journal of Economic Behavior & Organization* 72, no. 1 (2009): 171–175.

Caplan, Bryan. *The Myth of the Rational Voter: Why Democracies Choose Bad Policies*. Princeton, NJ: Princeton University Press, 2008. "Why Should We Restrict Immigration?" *Cato Journal* 32, no. 1 (Winter 2012): 12–13.

Caplan, Bryan, and Stephen C. Miller. "Intelligence Makes People Think Like Economists: Evidence from the General Social Survey." *Intelligence* 38, no. 6 (2010): 636–647.

Chaudhuri, Ananish. "Sustaining Cooperation in Laboratory Public Goods Experiments: A Selective Survey of the Literature." *Experimental Economics* (2011).

Christiakis, Nicholas, and James Fowler. *Connected: How Your Friends' Friends' Friends Affect Everything You Feel, Think, or Do.* New York: Little, Brown, 2011.

Covey, Steven. *The Seven Habits of Highly Effective People: Anniversary Edition.* New York: Simon & Schuster, 2013.

Cowen, Tyler. "Assorted Links." *Marginal Revolution*, May 25, 2013. marginalrevo lution.com/marginalrevolution/2013/05/assorted-links-802.html, accessed February 8, 2015.

Cowgill, Bo, Justin Wolfers, and Eric Zitzewitz. "Using Prediction Markets to Track Information Flows: Evidence from Google." In *Auctions, Market Mechanisms and Their Applications*, ed. Sanmay Das, Michael Ostrovsky, David Pennock, and Boleslaw K. Szymanski, 3. New York: Springer, 2009.

Crawford, Vincent P., and Joel Sobel. "Strategic Information Transmission." *Econometrica: Journal of the Econometric Society* (1982): 1431–1451.

Curran, James, Shanto Iyengar, Anker Brink Lund, and Inka

Salovaara-Moring. "Media System, Public Knowledge and Democracy: A Comparative Study." *European Journal of Communication* 24, no. 1 (2009): 5–26.

Davis, Steve J., and John Haltiwanger. "Wage Dispersion Between and Within US Manufacturing Plants, 1963–1986." *Brookings Papers on Economic Activity. Microeconomics* (1991): 115–200.

Deary, Ian J. *Intelligence: A Very Short Introduction*. Oxford: Oxford University Press, 2001.

Deary, Ian J., G. David Batty, and Catharine R. Gale. "Childhood Intelligence Predicts Voter Turnout, Voting Preferences, and Political Involvement in Adulthood: The 1970 British Cohort Study." *Intelligence* 36, no. 6 (2008): 548–555.

Denny, Kevin, and Orla Doyle. "Political Interest, Cognitive Ability and Personality: Determinants of Voter Turnout in Britain." *British Journal of Political Science* 38, no. 2 (2008): 291–310.

Devine, Dennis J., and Jennifer L. Philips. "Do Smarter Teams Do Better? A Meta-Analysis of Cognitive Ability and Team Performance." *Small Group Research* 32, no. 5 (2001): 507–532.

Dodrill, Carl B. "Long-Term Reliability of the Wonderlic Personnel Test." *Journal of Consulting and Clinical Psychology* 51, no. 2

(1983): 316.

Dohmen, Thomas, Armin Falk, David Huffman, and Uwe Sunde. "Are Risk Aversion and Impatience Related to Cognitive Ability?" *American Economic Review* 100, no. 3 (2010).

Drum, Kevin. "America's Real Criminal Element: Lead." *Mother Jones*, (January/February, 2013).

The Economist. "Mens Sana in Corpore Sano," July 2010.

Eppig, Christopher, Corey L. Fincher, and Randy Thornhill. "Parasite Prevalence and the Worldwide Distribution of Cognitive Ability." *Proceedings of the Royal Society B: Biological Sciences* 277, no. 1701 (2010): 3801–3808.

Farrar, Cynthia, Donald P. Green, Jennifer E. Green, David W. Nickerson, and Steven Shewfelt. "Does Discussion Group Composition Affect Policy Preferences? Results from Three Randomized Experiments." *Political Psychology* 30, no. 4 (2009): 615–647.

Ferraz, Claudio, and Frederico Finan. "Electoral Accountability and Corruption: Evidence from the Audits of Local Governments." National Bureau of Economic Research working paper, no. w14937 (2009).

Flore, Paulette C., and Jelte M. Wicherts. "Does Stereotype Threat Influence Performance of Girls in Stereotyped Domains? A Meta-Analysis." *Journal of School Psychology* 53, no. 1 (2015).

Flynn, James R. *Are We Getting Smarter? Rising IQ in the Twenty-First Century*. New York: Cambridge University Press, 2012.

———— "The 'Flynn Effect' and Flynn's Paradox." *Intelligence* 41, no. 6 (2013): 851–857.

————. "Massive IQ Gains in 14 Nations: What IQ Tests Really Measure." *Psychological Bulletin* 101, no. 2 (1987): 171.

————.*What Is Intelligence? Beyond the Flynn Effect*. New York: Cambridge University Press, 2007.

Gates, Bill. "Annual Letter from Bill Gates: 2011," Bill and Melinda Gates Foundation, January 2011.

Georgas, James, Fons van de Vijver, and Donald Saklofske. *Culture and Children's Intelligence: Cross-Cultural Analysis of the WISC-III*. Amsterdam: Elsevier, 2003.

Gillette, Clayton P. "Can Public Debt Enhance Democracy?" *William & Mary Law Review* 50, no. 3 (November, 2008).

Gorman, Linda. "The Impact of Childhood Lead Exposure on Adult

Crime." *NBER Digest* (May, 2008).

Hamilton, Kirk, and Michael Clemens. "Genuine Savings Rates in Developing Countries." *The World Bank Economic Review* 13, no. 2 (1999): 333–356.

Hanushek, Erik A., and Dennis D. Kimko. "Schooling, Labor-Force Quality, and the Growth of Nations." *American Economic Review* 90, no 5 (2000): 1184–1208.

Hauser, Seth M. "Education, Ability, and Civic Engagement in the Contemporary United States." *Social Science Research* 29, no. 4 (2000): p. 556.

Hendricks, Lutz. "How Important Is Human Capital for Development? Evidence from Immigrant Earnings," *American Economic Review* 92, no. 1 (2002): 198–219.

Hochschild, Jennifer L. "If Democracies Need Informed Voters, How Can They Thrive While Expanding Enfranchisement?" *Election Law Journal* 9, no. 2 (2010): 111–123.

Hoxby, Caroline. "Peer Effects in the Classroom: Learning from Gender and Race Variation," National Bureau of Economic Research working paper no. 7867, 2000.

Hoyer, Wayne, Deborah J. MacInnis, and Rik Pieters. *Consumer Behavior*. Boston: Cengage Learning, 2012.

Hung, Juann H., and Rong Qian. "Why Is China's Saving Rate So High? A Comparative Study of Cross-Country Panel Data." Congressional Budget Office working paper, 2010.

Hunt, Earl B. *Human Intelligence*. New York: Cambridge University Press, 2011.

International Monetary Fund, "World Economic Outlook Database," October 2014 edition, http://www.imf.org/external/pubs/ft/weo/2014/02/weodata/weoselser.aspx, accessed February 15, 2015.

Iwawaki, Saburo, and Philip E. Vernon. "Japanese Abilities and Achievements." In *Human Abilities in Cultural Context*, ed. S. H. Irvine and J. W. Berry. New York: Cambridge University Press, 1988.

Jackson, Matthew O. *Social and Economic Networks*. Princeton, NJ: Princeton University Press, 2010.

Jefferson, Thomas. "Letter to Charles Yancey." In *The Works of Thomas Jefferson*, Federal Edition. New York and London: G.P. Putnam's Sons, 1904–1905, Vol. 11, 493.

Jensen, Arthur. *Bias in Mental Testing.* London: Methuen, 1980.

Jensen, Michael C. "Agency costs of free cash flow, corporate finance, and takeovers." *American Economic Review* 76, no. 2 (1986).

Jerven, Morten. *Poor Numbers: How We Are Misled by African Development Statistics and What to Do About It.* Ithaca: Cornell University Press, 2013.

Jones, Garett. "Are Smarter Groups More Cooperative? Evidence from Prisoner's Dilemma Experiments, 1959–2003." *Journal of Economic Behavior and Organization* 68, no. 3 (2008): 49–497.

———. "Are Smarter Groups More Cooperative? Results for Corrected and Extended Datasets." Working paper, George Mason University, 2013.

———. "The O-Ring Sector and the Foolproof Sector: An Explanation for Skill Externalities." *Journal of Economic Behavior & Organization* 85 (2013): 1–10.

———. "Will the Intelligent Inherit the Earth? IQ and Time Preference in the Global Economy." Working paper, George Mason University, 2012.

Jones, Garett, and Niklas Potrafke. "Human Capital and National

Institutional Quality: Are TIMSS, PISA, and National Average IQ Robust Predictors?" *Intelligence* 46 (2014): 148–155.

Jones, Garett, and W. Joel Schneider. "Intelligence, Human Capital, and Economic Growth: A Bayesian Averaging of Classical Estimates (BACE) Approach." *Journal of Economic Growth* 11, no. 1 (2006): 71–93.

Jones, Garett, and W. Joel Schneider. "IQ in the Production Function: Evidence from Immigrant Earnings." *Economic Inquiry* 48, no. 3 (2010): 743–755.

Kahan, Dan M., Ellen Peters, Erica Cantrell Dawson, and Paul Slovic. "Motivated Numeracy and Enlightened Self-Government." Yale Law School, Public Law working paper, no. 307, 2013.

Kanazawa, Satoshi, and Linus Fontaine. "Intelligent People Defect More in a One-Shot Prisoner's Dilemma Game." *Journal of Neuroscience, Psychology, and Economics* 6, no. 3 (2013): 201.

Kanyama, Isaac Kalonda. "Quality of Institutions: Does Intelligence Matter?" *Intelligence* 42 (2014): 44–52.

Klein, Ezra. "How Politics Makes Us Stupid." *Vox.com*, April 6, 2014. http://www .vox.com/2014/4/6/5556462/brain-dead-how-politics-ma kes-us-stupid, accessed February 8, 2015.

Knight, Frank H. "Intellectual Confusion on Morals and Economics." *International Journal of Ethics* 45, no. 2 (January 1935): 200–220.

Kranzler, John H., and Arthur R. Jensen, "Inspection Time and Intelligence: A Meta-Analysis," *Intelligence* 13, no. 4 (1989): 329–347.

Kraus, Nancy, Torbjörn Malmfors, and Paul Slovic. "Intuitive Toxicology: Expert and Lay Judgments of Chemical Risks." *Risk Analysis* 12, no. 2 (1992): 215–232.

Kremer, Michael. "The O-Ring Theory of Economic Development." *Quarterly Journal of Economics* 108, no. 3 (1993): 551–575.

Kuhn, Peter, Peter Kooreman, Adriaan Soetevent, and Arie Kapteyn. "The Effects of Lottery Prizes on Winners and Their Neighbors: Evidence from the Dutch Postcode Lottery," *The American Economic Review* 101, no. 5 (2011): 2226–2247.

Kydland, Finn, and Edward C. Prescott. "Rules Rather Than Discretion: The Inconsistency of Optimal Plans." *Journal of Political Economy* (1977): 473–491.

Lane, Philip R., and Gian Maria Milesi-Ferretti, "The External Wealth of Nations Mark II: Revised and Extended Estimates of Foreign Assets and Liabilities, 1970–2004." *Journal of International Economics* 73, no. 2 (2007): 223–250.

Lynn, Richard, and Gerhard Meisenberg. "The Average IQ of Sub-Saharan Africans: Comments on Wicherts, Dolan, and van der Maas." *Intelligence* 38, no. 1 (2010): 21–29.

Lynn, Richard, and Gerhard Meisenberg. "National IQs Calculated and Validated for 108 Nations." *Intelligence* 38, no. 4 (2010): 353–360.

Lynn, Richard, and Tatu Vanhanen. *IQ and Global Inequality*. Whitefish, MT: Washington Summit, 2006.

Lynn, Richard, and Tatu Vanhanen. *IQ and the Wealth of Nations*. Santa Barbara, CA: Greenwood, 2002.

Mackintosh, Nicholas J. *IQ and Human Intelligence*, 2nd ed. Oxford: Oxford University Press, 2011.

Mas, Alexandre, and Enrico Moretti. "Peers at Work." *American Economic Review* 99, no. 1 (2009): 112–145.

McHenry, Jeffrey J., Leaetta M. Hough, Jody L. Toquam, Mary Ann Hanson, and Steven Ashworth. "Project A Validity Results: The Relationship Between Predictor and Criterion Domains." *Personnel Psychology* 43, no. 2 (1990): 335–354.

McNeil, Donald G. "In Raising the World's IQ, the Secret's in the Salt."

New York Times, December 16, 2006.

Millet, Kobe, and Siegfried Dewitte. "Altruistic Behavior as a Costly Signal of General Intelligence." *Journal of Research in Personality* 41, no. 2 (2007): 316–326.

Moreale, Jennifer, and John Levendis. "IQ and Economic Development: A Critique of Lynn and Vanhanen." *Forum for Social Economics* 43, no. 1, (2014): 40–56.

Nevin, Rick. "Understanding International Crime Trends: The Legacy of Preschool Lead Exposure." *Environmental Research* 104, no. 3 (2007): 315–336.

Nickerson, David W. "Social Networks and Political Context." In *Cambridge Handbook of Experimental Political Science*, edited by J. N. Druckman, D. P. Green, J. H. Kuklinski, and A. Lupia. New York: Cambridge University Press, 2011.

Nisbett, Richard E. *Intelligence and How to Get It: Why Schools and Cultures Count*. New York: W.W. Norton, 2009.

Nisbett, Richard E., Joshua Aronson, Clancy Blair, William Dickens, James Flynn, Diane F. Halpern, and Eric Turkheimer. "Intelligence: New Findings and Theoretical Developments." *American Psychologist* 67, no. 2 (2012): 130–159.

Noelle-Neumann, Elisabeth. "The Spiral of Silence: A Theory of Public Opinion." *Journal of Communication* 24, no. 2 (1974): 43–51.

Nye, John V. C., and Charles C. Moul. "The Political Economy of Numbers: On the Application of Benford's Law to International Macroeconomic Statistics." *The BE Journal of Macroeconomics* 7, no. 1 (2007).

Oechssler, Jorg, Andreas Roider, and Patrick W. Schmitz. "Cognitive Abilities and Behavioral Biases." *Journal of Economic Behavior & Organization* 72, no. 1 (2009): 147–152.

Ordeshook, Peter C. *Game Theory and Political Theory: An Introduction.* New York: Cambridge University Press, 1986: 240.

Ottaviano, Gianmarco I. P., and Giovanni Peri. "Rethinking the Effect of Immigration on Wages." *Journal of the European Economic Association* 10, no. 1 (2012): 152–197.

Pande, Rohini. "Can Informed Voters Enforce Better Governance? Experiments in Low-Income Democracies." *Annual Review of Economics* 3, no. 1 (2011): 215–237.

Potrafke, Niklas. "Intelligence and Corruption." *Economics Letters* 114, no. 1 (2012): 109–112.

Proto, Eugenie, Aldo Rustichini, and Andis Sofianos. "Higher Intelligence Groups Have Higher Cooperation Rates in the Repeated Prisoner's Dilemma." IZA discussion paper no. 8499, 2014.

Putterman, Louis, Jean-Robert Tyran, and Kenju Kamei. "Public Goods and Voting on Formal Sanction Schemes." *Journal of Public Economics* 95, no. 9 (2011): 1213–1222.

Ram, Rati. "IQ and Economic Growth: Further Augmentation of Mankiw-Romer-Weil Model." *Economics Letters* 94, no. 1 (2007): 7–11.

Ramsey, Frank P. "A Mathematical Theory of Saving." *The Economic Journal* (1928): 543–559.

Raven Matrix. *User: Life of Riley*. Licensed under Creative Commons Attribution-Share Alike 3.0 via Wikimedia Commons in Wikipedia. http://commons.wiki media.org/wiki/File:Raven_Matrix.svg#mediaviewer/ File:Raven_Matrix.svg.

Reyes, Jessica Wolpaw. "Environmental Policy as Social Policy? The Impact of Childhood Lead Exposure on Crime." *The BE Journal of Economic Analysis & Policy* 7, no. 1 (2007).

Rindermann, Heiner. "The g-Factor of International Cognitive Ability Comparisons: The Homogeneity of Results in PISA, TIMSS, PIRLS and IQ-Tests Across Nations." *European Journal of Personality* 21 no. 5 (2007): 667–706.

Rindermann, Heiner, Carmen Flores-Mendoza, and Michael A. Woodley. "Political Orientations, Intelligence and Education." *Intelligence* 40, no. 2 (2012): 217–225.

Rindermann, Heiner, Michael Sailer, and James Thompson. "The Impact of Smart Fractions, Cognitive Ability of Politicians and Average Competence of Peoples on Social Development." *Talent Development & Excellence* 1, no. 1 (2009): 3–25.

Rindermann, Heiner, and James Thompson. "Cognitive Capitalism: The Effect of Cognitive Ability on Wealth, as Mediated Through Scientific Achievement and Economic Freedom." *Psychological Science* 22, no. 6 (2011): 754–763.

Roberts, Russ. "If You're Paying, I'll Have Top Sirloin." *Wall Street Journal*, May 18, 1995.

Rutter, Owen (ed.). *The History of the Seventh (Service) Battalion, The Royal Sussex Regiment, 1914–1919*. London: The Times Publishing Company, 1934.

Schmidt, Frank L., and John E. Hunter. "The Validity and Utility of Selection Methods in Personnel Psychology: Practical and

Theoretical Implications of 85 Years of Research Findings."
Psychological Bulletin 124, no. 2 (1998): 262–274.

Schoon, Ingrid, Helen Cheng, Catharine R. Gale, G. David Batty, and Ian
J. Deary. "Social Status, Cognitive Ability, and Educational
Attainment as Predictors of Liberal Social Attitudes and Political
Trust." *Intelligence* 38, no. 1 (2010): 144–150.

Seabright, Paul. *The Company of Strangers*. Princeton, NJ: Princeton
University Press, 2004.

Segal, Nancy L., and Scott L. Hershberger. "Cooperation and
Competition Between Twins: Findings from a Prisoner's Dilemma
Game." *Evolution and Human Behavior* 20, no. 1 (1999): 29–51.

Shamosh, Noah A., and Jeremy R. Gray. "Delay Discounting and
Intelligence: A Meta-Analysis." *Intelligence* 36, no. 4 (2008):
289–305.

Sharma, Sudeep, William Bottom, and Hillary Anger Elfenbein. "On the
Role of Personality, Cognitive Ability, and Emotional Intelligence in
Predicting Negotiation Outcomes: A Meta-Analysis." *Organizational
Psychology Review* 3, no. 4 (2013): 293–336.

Solon, Orville, Travis J. Riddell, Stella A. Quimbo, Elizabeth Butrick,
Glen P. Aylward, Marife Lou Bacate, and John W. Peabody.

"Associations Between Cognitive Function, Blood Lead Concentration, and Nutrition Among Children in the Central Philippines." *The Journal of Pediatrics* 152, no. 2 (2008): 237–243.

Spearman, Charles. "'General Intelligence,' Objectively Determined and Measured." *The American Journal of Psychology* 15, no. 2 (1904): 201–292.

Stanovich, Keith E., Anne E. Cunningham, and Dorothy J. Freeman. "Intelligence, Cognitive Skills, and Early Reading Progress." *Reading Research Quarterly* 19, no. 3 (1984): 278–303.

Strenze, Tarmo. "Intelligence and Socioeconomic Success: A Meta-Analytic Review of Longitudinal Research." *Intelligence* 35, no. 5 (2007): 401–426.

Tabarrok, Alexander T., and David J. Theroux. "Open Letter on Immigration." *The Independent Institute*, June 19, 2006. http://www.independent.org/news room/article.asp?id=1727, accessed February 8, 2015.

Terhune, Kenneth W. "'Wash-In,' 'Wash-Out,' and Systemic Effects in Extended Prisoner's Dilemma." *Journal of Conflict Resolution* 18, no. 4 (December 1974): 656–685.

United Nations Environmental Program. "Sub-Saharan Africa Lead

244

Matrix," last updated March 2010, http://www.unep.org/transport/ pcfv/PDF/Matrix AfricaLead-March2010.pdf.

Warner, John T., and Saul Pleeter. "The Personal Discount Rate: Evidence from Military Downsizing Programs." *American Economic Review* 91, no. 1 (2001): 33–53.

Weede, Erich, and Sebastian Kämpf. "The Impact of Intelligence and Institutional Improvements on Economic Growth." *Kyklos* 55, no. 3 (2002): 361–380.

Weinberg, Warren A., Susan G. Dietz, Elizabeth C. Penick, and William H. McAlister. "Intelligence, Reading Achievement, Physical Size, and Social Class: A Study of St. Louis Caucasian Boys Aged 8-0 to 9-6 Years, Attending Regular Schools," *Journal of Pediatrics* 85, no. 4 (1974): 482–489.

Wicherts, Jelte M., Conor V. Dolan, Jerry S. Carlson, and Han L. J. van der Maas. "Another Failure to Replicate Lynn's Estimate of the Average IQ of Sub-Saharan Africans." *Learning and Individual Differences* 20, no. 3 (2010): 155–157.

Wicherts, Jelte M., Conor V. Dolan, Jerry S. Carlson, and Han L. J. van der Maas. "Raven's Test Performance of Sub-Saharan Africans: Average Performance, Psychometric Properties, and the Flynn

Effect." *Learning and Individual Differences* 20, no. 3 (2010): 135–151.

Wicherts, Jelte M., Conor V. Dolan, and Han L. J. van der Maas. "The Dangers of Unsystematic Selection Methods and the Representativeness of 46 samples of African Test-Takers." *Intelligence* 38, no. 1 (2010): 30–37.

Wicherts, Jelte M., Conor V. Dolan, and Han L. J. van der Maas. "A Systematic Literature Review of the Average IQ of Sub-Saharan Africans." *Intelligence* 38, no. 1 (2010): 1–20.

Williams, Robert L. "Overview of the Flynn Effect." *Intelligence* 41, no. 6 (2013): 753–764.

Wittman, Donald A. *The Myth of Democratic Failure: Why Political Institutions Are Efficient.* Chicago: University of Chicago Press, 1995.

Wolfinger, Raymond E., and Steven J. Rosenstone. *Who Votes?* New Haven: Yale University Press, 1980.

Woolley, Anita Williams, Christopher F. Chabris, Alex Pentland, Nada Hashmi, and Thomas W. Malone. "Evidence for a Collective Intelligence Factor in the Performance of Human Groups." *Science* 330, no. 6004 (2010): 686–688.

Young, Alwyn. "The African Growth Miracle." *Journal of Political Economy* 120, no. 4 (2012): 696–739.

Zax, Jeffrey S., and Daniel I. Rees. "IQ, Academic Performance, Environment, and Earnings." *Review of Economics and Statistics* 84, no. 4 (2002): 600–616.

本书中文简体版专有翻译出版权由 Stanford University Press 授予电子工业出版社。未经许可，不得以任何手段和形式复制或抄袭本书内容。

版权贸易合同登记号　图字：01-2016-6024

图书在版编目（CIP）数据

蜂巢思维：国家智商 VS 个体智商/（美）加雷特·琼斯（Garett Jones）著；郑常青译.
—北京：电子工业出版社，2017.8
书名原文：Hive Mind:How Your Nation's IQ Matters So Much More Than Your Own
ISBN 978-7-121-31891-7

Ⅰ. ①蜂…　Ⅱ. ①加…　②郑…　Ⅲ. ①经济学—通俗读物　Ⅳ. ①F0-49

中国版本图书馆 CIP 数据核字（2017）第 130999 号

策划编辑：刘声峰　黄　菲
责任编辑：刘声峰　　　　　特约编辑：王　璇
印　　刷：三河市鑫金马印装有限公司
装　　订：三河市鑫金马印装有限公司
出版发行：电子工业出版社
　　　　　北京市海淀区万寿路 173 信箱　邮编　100036
开　　本：720×1 000　1/16　印张：17.75　字数：144 千字
版　　次：2017 年 8 月第 1 版
印　　次：2017 年 8 月第 1 次印刷
定　　价：55.00 元

凡所购买电子工业出版社图书有缺损问题，请向购买书店调换。若书店售缺，请与本社发行部联系，联系及邮购电话：（010）88254888，88258888。
质量投诉请发邮件至 zlts@phei.com.cn，盗版侵权举报请发邮件至 dbqq@phei.com.cn。
本书咨询联系方式：1024004410（QQ）。